新零售

低价高效的数据赋能之路

刘润 _ 著

中信出版集团 · 北京

图书在版编目（CIP）数据

新零售：低价高效的数据赋能之路 / 刘润著 . --
北京：中信出版社，2018.9（2025.6 重印）
ISBN 978-7-5086-9031-5

Ⅰ . ①新… Ⅱ . ①刘… Ⅲ . ①零售商业—商业模式—
研究 Ⅳ . ① F713.32

中国版本图书馆 CIP 数据核字（2018）第 107704 号

新零售：低价高效的数据赋能之路

著　　者：刘　润
出版发行：中信出版集团股份有限公司
（北京市朝阳区东三环北路 27 号嘉铭中心　邮编　100020）
承 印 者：鸿博昊天科技有限公司

开　　本：880mm × 1230mm　1/32　　印　　张：8　　字　　数：134 千字
版　　次：2018 年 9 月第 1 版　　印　　次：2025 年 6 月第 19 次印刷
广告经营许可证：京朝工商广字第 8087 号
书　　号：ISBN 978-7-5086-9031-5
定　　价：65.00 元

目录

前　言

回顾2017年，有几大风口不容错过，AI（人工智能）、自动驾驶和后来居上的区块链，以及持续刷屏的新零售。

为什么要写这样一本书？其实原因很简单，因为我看到了零售业面临的一个个悖论。

过去几年，零售业受到很大挑战。零售巨头沃尔玛2016年在全球关闭269家门店，裁员1.6万人；仅2017年上半年，沃尔玛在中国关闭的门店数量就达16家之多。与之相对应的，则是人们很少逛实体超市了。我自己至少有一年多没有去过沃尔玛或家乐福这样的大型超市。

超市的日子不好过，商场同样惨淡。很多曾经火爆一时的百货商场，现在门可罗雀。服装专卖店的生意也并不好做。

而另一边，电子商务看似高歌猛进，导致很多做传统零售生意的人都非常痛恨电商，他们认为互联网公司在掏空实体经济。但事实是这样吗？

我们来看一组数据。当大家觉得零售越来越难做时，2017年全年社会消费品零售总额366 262亿元，比2016年增长10.2%；当鞋类品牌达芙妮觉得鞋子越来越难卖时，2017年鞋类消费总额比2016年上涨7.8%。这说明消费者并没有少买鞋子，反而买得更多了。

这是一个很有趣的悖论：很多传统零售企业觉得“末日降临”时，整个中国的消费品零售总额不但没有减少，反而在增加。为什么？

过去，我们说零售的本质就是要给顾客提供最好的商品，这是产品思维；要给客户提供极致的服务，这是用户思维。产品思维和用户思维本身没错，但今天传统零售企业沿用产品思维和用户思维的打法，却遇到很大问题，直接表现就是销售额减少，这说明了什么？

在这本书中，我会详细阐释到底是什么原因，造成这些令传统零售商们“苦恼”的悖论，以及到底什么是新零售。

产品思维和用户思维是不是零售的本质？事实上，产品思维和用户思维的“失灵”，说明当下零售业的变革并非产品思维和用户思维的创新，而是一个结构性变革。因为消费品零售总额在上升，一部分企业销售额下降，一定有另外一部分企业赚到更多的钱，为用户提供了更多的产品和服务。一部分零售企业因此遭受到前所未有的巨大挑战。

为什么零售业会面临结构性变革？其实每一次新技术、每一个效率工具、每一种新生产关系的出现，都会大规模地改变一些商业模式。从总的方向上来说，一定是向效率更高的商业模式发展。

举一个很容易理解的例子。在商业的底层逻辑中，有个概念叫定倍率。假如一件衣服生产出来的成本是100元，消费者花500~1 000元买到手，意味着这件衣服的价格翻了5~10倍于它的生产成本，5~10倍就是其定倍率。

很多人都知道化妆品和护肤品行业是“暴利”，这个行业定倍率达20~50倍，听起来相当惊人，但事实确实如此。这表明，传统零售和整个商业的供应链环节效率还不足够高。

电商对中国零售业的冲击要远大于美国，其原因就是中国零售业的效率更低下。当一部分企业受到挑战时，谁会做得更好？答案一定是效率更高的企业会做得更好，它们不但吃掉零售消费额的增量，同时也吃掉低效企业的存量。无论是小米、阿里巴巴，还是京东，其新零售都是用新科技之刀，砍向定倍率。

万事万物永远是向前发展的。零售的打法、方法论也在商业实战中被不断优化，一直前进，最终成为新零售。那么应该如何优化？

本书分享了三个研究逻辑，我称之为“人”“货”“场”。优化商品在人、货、场之间的有效传递方式，就是新零售。

第一个逻辑是“坪效革命”。坪效是每一平方米场地产生的营业额。简单地说，就是如何高效地为顾客提供最有价值的货品，如何提高转化率、客单价、复购率。

第二个逻辑是“数据赋能”。通过比较线上、线下孰优孰劣，研究如何利用线上、线下各自的优势来提升零售效率。

第三个逻辑是“短路经济”。定倍率过高，就是因为中间环节太多，在传统零售模式下，要经过总代理、一级代理、二级代理等，才能进入商场。在这种情况下，商场其实扮演的是“二房东”，环节过多、效率过低。短路经济，就是通过短路中间不必要的环节，从而提升效率。

新零售就是更高效率的零售。

2016年10月，马云和雷军都提出了“新零售”的概念，从那时起，我就开始构思这本书。我希望把自己对商业效率的理解融入新零售这一概念之下，搭建一个框架，更好地帮助所有研究零售、新零售和商业逻辑的人，帮助那些在时代急剧变革中，暂时找不到方向的焦虑的企业家，和他们一起理解这个时代的变化，找到自己转型和创新的方向。

第一章

探寻新零售的本质

到底什么是新零售?

零售有新旧之分吗?

真的有必要分吗?

“给消费者提供最好的产品和服务”，零售的这一本质，难道不是从未变过吗?

电商是新零售吗?

连马云都投资了银泰、大润发、欧尚，零售难道不是在喧嚣之后，开始回归本质了吗?

无人超市不是开始关门了吗?

无人货架不是开始倒闭了吗?

所以——

到底什么是新零售?

第1节

为什么会出现新零售

马云、雷军和刘强东的“不约而同”

2016年10月13日，在阿里巴巴云栖大会的开幕式上，阿里巴巴集团董事局主席马云提出了“新零售、新制造、新金融、新技术、新能源”的“五新”概念。他说：

> 今天电子商务发展起来了，纯电商的时代很快就会结束。未来的10年、20年没有电子商务这一说，只有新零售，也就是说，线上、线下和物流必须结合在一起，才能诞生真正的新零售。线下的企业必须走到线上去，线上的企业必须走到线下来，线上、线下和现代物流合在一起，才能真正创造出新零售。

一句“未来没有电子商务，只有新零售”，让“新零售”的概念正式诞生，并且疯狂传播。

但是要说马云率先提出“新零售”概念，小米科技董事长雷军是有一点儿不服的：其他四个新（新制造、新金融、新技术、新能源）我不和你抢，但是“新零售”这个概念是我先提出来的。雷军在接受央视财经频道采访时说：“我们市场部考证了一下，好像全国第一个讲新零售的人是我。我上午在一个地方讲，马云下午在另一个地方讲，我们在同一天讲的。”

在阿里巴巴云栖大会的同一天，雷军在中国（四川）电子商务发展峰会上，确实提到了新零售。他说，希望用互联网思维，做线上、线下融合的零售新业态，其本质是改善效率，释放老百姓的消费需求。他还提到，有望成为“世界一流零售集团”的小米之家，实际上从2015年起，就在实践“新零售”，并在2016年实现单店平均年销售额一亿元的业绩，坪效是国内零售业同行的20倍。

不管“新零售”这个概念到底谁先提出，如果它有生日的话，应该就是2016年10月13日。

很快，京东集团的创始人刘强东也迅速跟进，提出了“第四次零售革命”的概念。刘强东认为，零售业公认的革命有三次：百货商场、连锁商店和超级市场。现在我们经历的是第四次零售革命，它是建立在互联网电商的基础上，但又超越互联网的一次革命，将人类带入智能商业时代。刘强东把自己的新零售战略，称为“无界零售”。

三位商业大佬，不约而同地提出了新零售（或无界零售），一夜之间，整个商业界，尤其是互联网电商圈和传统零售圈，几乎人人都在谈新零售。

为什么会这样？因为一路高歌猛进、一度所向披靡的互联网电商，遇到了前所未有的挑战。

王健林和马云的“亿元赌局”

2012年“CCTV（中央电视台）中国年度经济人物”颁奖典礼上，马云和王健林同台领奖。在台上，王健林说：

> 中国电商，只有马云一家在盈利，而且占了95%以上的份额。他很厉害，但是我不认为电商出来，传统零售渠道就一定会死。

马云回应道：

> 我先告诉所有像王总这样的传统零售一个好消息，电商不可能完全取代零售行业。同时也有一个坏消息，它会基本取代你们。

王健林反击：

> 2022年，10年后的中国零售市场，如果电商在整个大零售市场份额占50%，我给他一个亿。如果没到，他给我一个亿。

谁也说服不了谁，那就只有两个办法：要么打架，要么打赌。首富们选择了“打赌”。王健林的最小计价单位是“亿”——小目标，那就定一个亿吧；打个赌，那就赌一个亿吧。

这就是轰动一时的“亿元赌局”。到底谁会赢，谁会输呢?

“亿元赌局”定下的时候，电商发展非常迅猛，它挟着互联网连接效率的优势，几乎席卷传统零售。“百货商场、连锁商店和超级市场”，前三次零售业革命带来的模式创新，在互联网面前节节败退，本来门庭若市的线下零售店门可罗雀。

几乎所有人都开始为王健林担心。

但是，到2015年左右，高歌猛进的互联网电商渐渐遇到一个严重的问题：电商用户的增速开始放缓。

在一二线城市，尤其是北上深杭的用户感知上，互联网电商似乎已经统治消费者的购买行为。但中国不仅限于北上深杭，不是只有年轻人和手机控。如果你冷静地研究数据就会发现，到今天为止，互联网电商销售额其实仅占中国社会消费品零售总额的15%左右，某些品类占比较高，也仅20%左右。

这个比率正在增长吗？还在增长，但增速已经明显放缓。也就是说，最容易接受电商的那批用户基本已经都上网了，剩下80%~90%的人，由于习惯、地域、年龄等原因，让他们上网买东西，可能就是一场持久战。

而同时，因为见识到互联网的巨大威力，大批卖家迅猛地从线下移到线上，开始依托交易电商（淘宝、天猫和京东等）、社交电商（微店、代购和微商等），以及内容电商（微信公众号、IP［知识产权］植入和直播电商等）销售商品。

用户数量增速放缓，电商数量却在迅猛增长。卖家比买家增长快，直接导致一个结果：互联网电商获得一个潜在客户的成本，即所谓的“流量成本”越来越高，在网上做生意越来越难，互联网的流量红利迅速消失。

原来互联网不是零售的万能药，至少不是速效药。原来让大多数人上网买东西，是要靠一两代人的迭代才能实现的目标。更可怕的是，原来在网上买东西，并不必然意味着便宜。高歌猛进的互联网电商，遇到了重大危机。

这个危机的迹象，其实从2015年就开始显现。为了写这本书，我专门采访了雷军本人。他说："我们当时犯的最大错误之一，就是忽视了线下。"阿里巴巴、小米和京东，都已经开始遇到增长压力。怎么办？去哪里找新鲜、便宜的"流量"？

这时，依旧被传统零售占据着的80%~90%广大线下市场，自然而然就成为互联网电商的进军目标。

怎么进军？从互联网的云端向地面空投伞兵部队，带着最先进的装备，攻打传统零售的市场，这就是"新零售"。阿里巴巴、小米、京东，以及其他加入战局的公司，虽然战术各不相同，但战略概莫能外。

一场由互联网的流量危机引发的新零售变革，就这样开始了。

阿里巴巴大举投资传统零售业（欧尚、大润发等），正式提出S2b（supply to business，为小卖家提供一站式供应链服务）模式，并启动天猫小店计划，他们的新零售一号工程"盒马鲜生"一夜蹿红。

同时，曾经号称只做线上的雷军也开始大举进军线下实体店，20个月内，开了240家小米之家，并提出3年内开1 000家线下店的"小目标"。

京东紧紧跟随阿里巴巴的步伐。你提"新零售"，我就提“无界零售”；你开“天猫小店”，我就开“京东便利店”；你开“盒马鲜生”，我就开“7Fresh”（线下生鲜超市）。

在新零售的战场上，除阿里巴巴、小米和京东三支大军外，还涌现出无数举着新零售大旗的战斗力量，他们把自己叫作“无人超市”“无人货架”“快闪店”……新零售的战场，一夜之间，拥挤不堪。

回归线下，就一定是新零售吗？无人超市能扛起新零售的大旗吗？我们再次回到最初的问题：到底什么是新零售？

第2节

理解新零售前，先理解零售

到底什么是新零售？

要理解新零售，我们首先要认认真真地静下心来理解，到底什么是零售。

零售，连接“人”与“货”的“场”

零售是什么？

零售，是一系列商业模式的统称，是通过某种“交易结构”，让消费者和商品之间产生连接，把商品卖给消费者；反之亦然，让消费者找到商品。用阿里巴巴的话语体系来讲，零售其实就是把最终付钱的“人”（消费者）和“货”（商品）连接在一起的“场”。这个“场”，可能是场景，可能是物理位置，也可能是一个呼叫中心，还可能是你去拜访陌生客户的行为。

很多商业模式都可以算作零售，线下服装店、超市，甚至一个扛着磨刀器具在路上吆喝的磨刀人。保险公司的呼叫中心不断向客户推荐他们的产品，也是零售的一种形式。

零售是整个商品供应链的最后一站，它的左手是所有为商品增值的参与者，而它的右手是顾客，是消费者。零售，是一个连接器、一个场景，帮助消费者找到商品，也帮助商品找到消费者。

从这个角度来说，海尔和苏宁谁是零售商？显然，海尔生产、制造冰箱，苏宁把冰箱卖给消费者，苏宁的门店作为一个“场”，连接了消费者和海尔的冰箱，所以苏宁才是零售商。

始创于1837年的宝洁公司是世界上最大的日用消费品公司之一，其所经营的300多个品牌的产品畅销160多个国家和地区。宝洁强调自己是“零售品牌公司”，那么它是一家做零售的公司吗？

其实并不是。宝洁的产品确实面对终端消费者，但它并不是一家零售企业。宝洁生产的产品，比如洗发水、洗衣液等洗化用品，都是通过超市这个“场”与消费者连接，并促成销售的。所以，真正做零售的，是那些卖场，而不是宝洁。宝洁生产、制造可以被零售的商品，但它自己不做零售。

零售的历史，非常悠久。

在“物物交换”时代，有人家里养羊，有人家里种水稻，有人想吃大米，有人想吃羊肉，于是产生了交换。怎么交换？把羊牵到对方家去吗？他可能除了换米，还想换棉花、换青菜，这样一来就会非常麻烦。于是，这些有易物需求的人约定具体的交易时间和地点，后来交易的地点慢慢固定化，成为集市。

集市——商业地产的雏形，其作用就是连接商品和需要商品的人，即连接“人”与“货”，我们称之为“场”。集市本来是一个约定，但后来越来越固定，逐渐演变为今天的“商业地产”。

商业地产的发展，带来了百货商场。百货商场也是一个把“人”与“货”连接在一起的“场”。你（人）去商场买西装，商场已经把西装（货）存在库房里，并留了几件在外面，搭建好货架、镜子、试衣间这样的环境（场）方便你试穿，你喜欢就买走。

后来，出现了连锁商店、超级市场，你去买酸奶、薯片，都是去一个把“人”与“货”连接在一起的“场”。

再后来，出现了电商。电商也一样，淘宝、天猫、小米商城、京东、有赞商城、直播电商、朋友圈代购、微商等，都是一个个“场”，卖家拿着“货”去连接“人”，或是买家网聚“人”，一起去找“货”。

零售的本质，是把“人”（消费者）和“货”（商品）连接在一起的“场”。（见图1-1）不管技术与商业模式历经多少次变革，零售的基本要素，都离不开“人”“货”“场”这三个字。“人”“货”“场”是零售业永恒的概念。

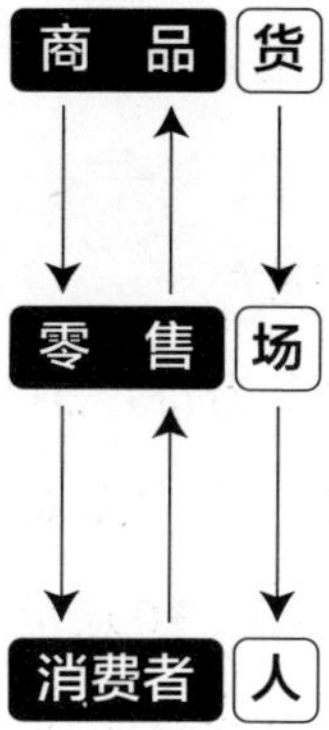

图 1-1

理解零售，研究零售，必须同时研究“人”“货”“场”这三件事。

人：流量×转化率×客单价×复购率

我们先来理解“人”。

为什么商家要给购物中心支付租金？租金的本质和逻辑是什么？为什么人流量越大的地方，租金越贵，被叫作“旺铺”？

购物中心之所以收商家的租金，是因为购物中心为商家带来了人流量，人流量才是真正的核心和价值。租金的本质，就是购物中心把人流量折算成一个价格，卖给商家。站在商家的角度来说，租金的本质，就是它付出的流量成本。

怎么计算流量成本呢？

假设一家商铺的租金为每月20万元，一个月有2 000人进店。那么，简单计算一下，你就知道，这家商铺为每一个进店的人支付了多少钱（20万元/2 000人=100元/人）。也就是说，这个商铺的流量成本是100元/人。

这家店的老板会不会想从每个进店的消费者身上赚至少100元，或者200元，甚至500元呢？他几乎一定这么想，因为不这么想或者赚不到钱的商铺，都已经关门了。

互联网时代来了，购物中心的人流量大大减少，这个月竟然从2 000人降到了1 000人。人流量腰斩，但是商铺仍然要支付20万元租金。这就意味着，商铺购买一个人的进店成本，也就是流量成本，从100元/人提高到了200元/人。

如果把商铺搬到网上，还要不要支付流量成本呢?

当然要。比如，你在淘宝或天猫新开了一家网店，刚开始根本没有人浏览。这时，你可以购买“淘宝直通车”按点击付费的竞价排名投放广告，为网店的宝贝做精准推广。消费者点击一次，进入你的网店，就相当于在线下有一个人进店。按点击付费的内在逻辑，就相当于线下按进店的人头数，也就是流量付费。

打个比方，阿里巴巴作为平台方，它的商业逻辑相当于帮网店“拉客”，一个顾客就是一个流量，左脚进店，右手给钱。

同样，线下商业地产的逻辑与之类似，只是手段不同。为什么各地的万达广场都会引入沃尔玛?为什么沃尔玛占地面积很大，但相对于其他商铺来说，租金却很便宜?原因就是沃尔玛能够帮万达广场吸引人流。一旦大量消费者去沃尔玛之后，万达广场就会产生很多旺铺，这些旺铺能以很高的价格租给珠宝商、钟表商、名牌时装等。所以，沃尔玛帮助万达吸引人流，珠宝商则帮助万达把人流量变现。

今天，不管是万达还是阿里巴巴，无论怎么打赌，谁赢谁输，其本质都是“吸引流量，再出售流量”的商业模式。如果把万达叫作商业地产，那么阿里巴巴就是“网络商业地产”；如果把阿里巴巴叫作“流量经济”，那么万达就是“线下的流量经济”，其商业本质没有任何区别。

人即流量。研究“人”，就是研究“流量经济”。

研究“流量经济”，具体来说，到底要研究哪些问题呢？其实，就是“销售漏斗公式”。

销售额=流量×转化率×客单价×复购率

线下开店、上门推销、电话销售、校门口摆摊，一切零售形态，最终都可以用这个公式来表示。（见图1-2）

图 1-2

假如开一家服装店、便利店或者水果店，你的选址逻辑是什么？有多少人会正好经过你的店门？用互联网的语言来说，这些人就叫“流量”，用线下的语言叫作“人流量”。其实，在任何一个地方开店，本质上就是要获得这个地方的自然流量。

一个人走进你的店，逛一圈什么都没买就出去了，你会很伤心，因为你付出的流量成本没有转化成销售额。你希望100个进店的人里有30个买东西，这个像漏斗一样的过程，在互联网上就叫作“转化率”，线下叫作“成交率”，其本质是相同的。

如何提高转化率？在线下，传统的方式是通过商品陈列、店铺装修、店名指引以及各种打折促销活动等。

有一个关于商品陈列的经典案例：在沃尔玛超市里，啤酒是放在纸尿裤旁边的。原来，沃尔玛在按周期统计商品销售信息时，发现一个奇怪的现象：每逢周末，啤酒和纸尿裤的销量都很高。为了搞清楚这个原因，沃尔玛派出工作人员进行调查。通过观察和走访，他们了解到，在美国有孩子的家庭中，太太经常嘱咐丈夫下班后为孩子买纸尿裤，而丈夫在买完纸尿裤后，觉得今晚好无趣，于是又顺手带回自己爱喝的啤酒。

搞清楚原因后，沃尔玛的工作人员打破常规，将啤酒和纸尿裤摆在一起，结果啤酒和纸尿裤的销量双双激增，为商家带来大量利润。沃尔玛的这种做法，在提高成交率的同时，又提高了客单价。

这样的案例其实还有很多。一位女士买了一条小黑裙，会配一个小背包，还会想着要不要配一条丝巾？买丝巾时，要不要配一双颜色搭配的鞋？把某几样商品放到一起后，会发现客人把这几样商品全买了，客单价随之提高。

复购率，就是这个顾客走了，下次还会再来吗？如果这个顾客觉得某个商品特别好，过几天新款上市，他又来购买，甚至把这个商品推荐给身边的朋友，这时商家就获得了复购率。在线下，这叫作“回头客”。

其实，零售从“人”的角度讲，无外乎这四件事：流量、转化率、客单价、复购率。

货：D-M-S-B-b-C

琢磨“人”，挺有意思吧？琢磨“货”，也挺有趣的。

零售，是整个商品供应链的最后一站，它上游的所有供应商都是为商品增值的参与者，而它的顾客是消费者。这里提到的“整个商品供应链”是什么意思？

想象一下，一件商品从设计、生产到消费市场的整个

链条，我们可以将其归纳为D-M-S-B-b-C。（见图1-3）

D=Design（设计），指产品款式的设计过程；

M=Manufacture（制造商），也有人称其为工厂；

S=Supply Chain（供应链），通常指的是总代理、省代理、分销商、经销商等机构；

B=Business（大B，商场），指的是大卖场、超市、连锁店等；

b=business（小b，商店），指的是夫妻店、地摊、微商等个人销售者；

C=Consumer（消费者），也就是最终端的客户。

在D-M-S-B-b-C这条商品供应链中，所有的角色各司其职。

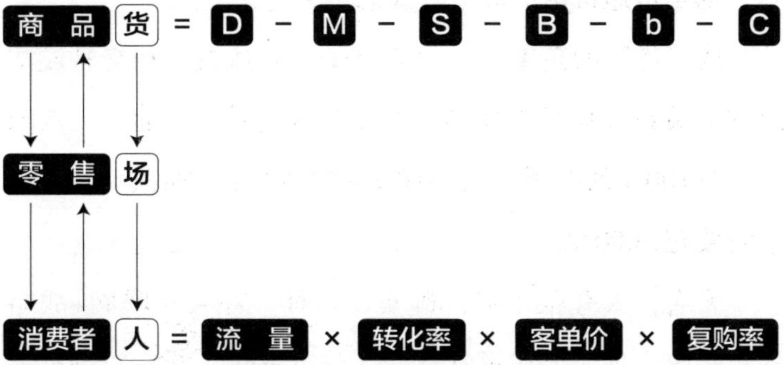

图 1-3

以皮鞋为例，设计师（D）研究市场、研究人体、研究时尚，设计出一双皮鞋，然后把设计卖给制造商；制造商（M）开模具，购买原材料、设备，雇人把鞋子做出来；皮鞋通过总代理、省级代理、市级代理等供应链企业（S），通过物流完成在全国的铺货，建立存库；皮鞋陈列在大商场（B），或是微商的朋友圈（b），抵达消费者；最终，消费者（C）下单购买。

整个商品供应链，每个环节都有其独特的价值，并为此获得自己的利润。但一般来说，我们把“D-M”称为创造价值，做鞋子；把“S-B-b”称为传递价值，卖鞋子。

创造价值有成本吗？这双鞋子的皮革、铆钉、鞋带，以及设计师、工人的工资，都是制造成本；这双鞋子通过渠道商、零售商，产生的物流成本、仓储成本、销售成本，都是传递价值的成本，我们称之为交易成本。

从“货”的角度看，一双鞋子的制造成本和交易成本之间的关系大概是怎样的呢？在互联网时代之前，一双制造成本100元的鞋子，交易成本大约900元，加在一起，消费者要花1 000元。

天啊，太夸张了吧？确实是这样。在《互联网+战略版：传统企业，互联网在踢门》这本书里，我专门讲过一个概念，叫作“定倍率”。消费者花的钱，是商品成本的多少倍呢？对这双鞋子来说，是1 000元/100元=10倍。

所以在古代，很多人看不起商人（渠道商、零售商），觉得明明是100元的东西，生生被他们卖到了1 000元。甚至在20世纪50～80年代的中国，还有一项罪名叫“投机倒把罪”。随着对市场经济的理解越来越深入，大家认识到，交易成本是商品不可能省掉的部分。没有合理的交易成本，就没有商业社会。但同时，大家一直在研究如何优化商品供应链，降低交易成本。

零售从“货”的角度讲，就是在研究D-M-S-B-b-C，以及如何不断提高物流速度、减小库存规模、缩短产销周期，从而降低交易成本。

场：信息流+资金流+物流

理解了“人”，理解了“货”，那么，零售是怎么用“场”把两者连接起来的呢？

任何一个可以被称作“零售”的完整的“场”，其实都有三种东西，在“人”和“货”之间像水、像电一样不断连接、流动与交互。这三种东西，就是信息流、资金流和物流，它们隐藏在每一个购物过程中。

什么意思？

举个最简单的例子。你今天想去商场买一件蓝色衬衫，到了商场后，远远看见一件很漂亮的衬衫。你忍不住走过去，摸一摸衬衫的质地，麻的，很喜欢。然后翻了翻价格标签，看一下价格能否承受。不算很贵，能接受。然后你问："服务员，我能试一下吗？"

整个过程，你获得了什么？获得了"信息流"。衣服的颜色、质地、款式，价格高低以及是否合身，都是信息，影响你是否购买的信息。因此，信息流是商家提供给消费者，帮助他决策的一个资源。

然后你说："服务员，我要买。"服务员给你开张单子，你拿着单子去付款。你做了什么？你完成了"资金流"的流转。

你交完钱，服务员已经把衬衫打包好，放在纸袋里了。你把纸袋拎回家。这又是什么？这是"物流"。

再比如我们去超市买东西，那么多货架，摆满了矿泉水、牛奶、酱油和盐……大型超市用两层楼的面积展示众多商品，目的就是提供"信息流"。顾客想买某件商品，先摸一摸，然后看看是否过期、热量有没有超标等，这是"信息流"；觉得不错，把它放入购物车，推到收银台付钱，这是"资金流"；然后，自己开车或者坐超市的班车回家，这是"物流"。（见图1-4）

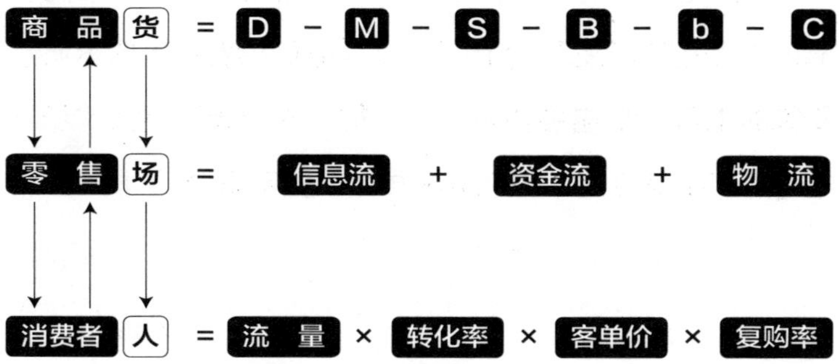

图 1-4

任何一种零售行为、零售形态，不管是商业中心还是淘宝店，只要我们不断往下拆，剩下的都会是信息流、资金流和物流这三大要素。只不过，在传统的线下零售时代，人们非常自然地用被“封装”的商业逻辑做生意，未必从“人、货、场”的角度深挖过“零售”，更没有从“信息流、资金流、物流”的角度深挖过“场”。

这就像开了十几年车的人，车从来没有坏过，认为自己是老手，但他可能并不真的懂车，打开车前盖就抓瞎了。开车的人未必懂车，只有修过车，才真的懂。

同样的道理，在零售行业做了几十年的老手，就像老司机一样，开车技巧非常熟练，但是车子一旦坏掉，零售业一旦面临转型，才发现自己不会修车，不懂零售的本质。

总结一下，零售的本质到底是什么？

不论是百货商场还是超市，不论是线下还是互联网，不论是万达广场还是淘宝、天猫，都不代表零售的本质。零售的本质，是连接“人”与“货”的“场”；而“场”的本质，是信息流、资金流和物流的万千组合。

第3节
什么是新零售

到底有没有新零售

当然有新零售。

说没有新零售的人，都是那些只会开车、不会修车的人。这些人车开得又快又稳，他们只会觉得是自己技术好，车能有什么差别；车出了问题，他们只会熄火重启，甚至连前盖都不知道怎么打开。

张潇雨在他的“得到”专栏《商业经典案例课》讲过美国零售简史。1884年之前，美国的零售形态多为一手交钱、一手交货的布店、豆腐店，效率很低。铁路出现后，远程购物变为可能，于是西尔斯发明了邮购，并提供自由退货和货到付款服务。

西尔斯利用铁路这个新技术，创建了邮购模式这个“场”，连接了“人”与“货”，是当时信息流、资金流和物流更高效率的创新组合，所以西尔斯很快成为美国零售业第一名。

西尔斯，是19世纪的新零售。

后来，因为另外一项新技术——汽车的出现，使得在租金便宜的郊区，用大型卖场收集大量需求成为可能。于是，沃尔玛发明了大型超市，并承诺天天低价。

沃尔玛利用汽车这个新技术，创建了大型超市模式这个“场”，连接了“人”与“货”，是当时信息流、资金流和物流更高效率的创新组合，所以沃尔玛也很快成为美国零售业第一名。

沃尔玛，是20世纪的新零售。

最近10年，互联网、移动互联网、大数据、社交网络、人工智能……新技术层出不穷。新零售消费者与商品之间的路径越来越短，信息流、资金流、物流的连接方式日新月异。

21世纪的新零售，呼之欲出。

新零售，就是更高效率的零售

在马云提出“新零售”概念不久后，阿里巴巴集团CEO（首席执行官）张勇也对此做出解读：

围绕着“人、货、场”中所有商业元素的重构是走向新零售非常重要的标志，而其核心就是商业元素的重构是不是有效，能不能真正提高效率。

效率，是新零售的核心。

我在访谈小米创始人雷军和盒马鲜生创始人侯毅时，他们都不约而同地说了一句话：

新零售，就是更高效率的零售。

西尔斯、沃尔玛都大幅度提高了其所处时代的“人、货、场”的效率，是更高效率的零售，是那个时代的新零售。

怎样才能利用新技术，提升这个时代的零售效率呢？

用数据赋能，提升“场”的效率；用坪效革命，提升“人”的效率；用短路经济，提升“货”的效率。

第二章

数据赋能：线上、线下都不能代表新零售

新零售，可以说是阿里巴巴率先举起的一面大旗，后入场的腾讯虽然失了先机，但两者殊途同归，最后的落点都是“数据赋能”。

阿里巴巴CEO张勇为新零售做出的解释是：“用大数据赋能，进行人、货、场的重构。”

在2018年“两会”后的媒体采访中，马化腾谈到腾讯为什么频频布局线下零售：“原来零售企业和电商是对立的，是一个此消彼长、互斥的业态，所以过去这十几年零售企业很悲观，基本上被线上的电商侵蚀了其原有的份额。现在我们发现，传统零售和线上电商彼此间的融合开始了，已经不再互斥。用户的体验需要线上、线下整合，传统线下的体验是没法简单用线上替代的，毕竟人作为一个实体，总要生活在周边。”

因此，很多企业希望寻找一套合适的数字化解决方案。在这个基础上，腾讯当然也要抓住机会，通过数字化机遇打通人、货、场。

马化腾进一步解释了腾讯的定位——不做零售，甚至不做商业，更多的方案是助力、赋能，提供一层很薄的能力，包括用户的连接能力、小程序、公众号、云、AI等。它们都是为用户服务的，同时联合周边的生态合作伙伴、开发商一起为用户服务，这对腾讯来说没有利益冲突。

这就是腾讯的新零售，马化腾称之为“智慧零售”，其核心也是数据赋能。

用“数据赋能”提升“场”的效率，是新零售的三大核心逻辑之一。数据是新时代的“能源”，数据无色、无味、无形，却默默地“滋润”着信息流、资金流和物流，让零售质变为更高效率的零售。

在全新的零售革命下，谁的数据赋能力强，谁就能获得这次革命的关键筹码。

第1节

零售，从来没有“本质”的交易结构

2015年3月8日，阿里巴巴做了一件在传统零售看来，极不“道德”的事情。

这一天，阿里巴巴推出“38扫码生活节”活动。这个节日怎么过呢？按照活动规则，从3月8日上午9点开始，用户只要打开手机淘宝客户端，扫描想要购买商品的条形码，就可以查询到该商品当天在淘宝上的价格。阿里巴巴官方承诺，淘宝售价将比实体店便宜，基本为半价，会有众多刚需日用品参加活动，但每个用户当天能享受到的优惠上限为100元。

半价，这还得了！

当天，很多人用手机淘宝客户端扫描家里已有物品的条形码，发现还真是半价。不少消费者觉得自己家里能扫的东西太少，纷纷跑到超市去扫货架上的商品。

消费者在超市里，拿着手机扫描货架上商品的条形码，就会看到商品的价格等相关信息，以及淘宝的销售链接，甚至还有同类商品推荐。大家发现，同样的商品，淘宝的售价明显更便宜，下单还能享受送货到家的服务。所以很多人在超市里“逛”，在网上“买”。

阿里巴巴官方发布的数据显示，活动开始后的10分钟内，就有38万用户参与，他们通过扫码购买的商品总额，相当于一线城市10个大型超市一天的总销售额；万包花王纸尿裤在开抢3分钟内全部售罄，相当于线下5家大型超市单日销量的总和；1小时内，金龙鱼非转基因黄金比例调和油的销量相当于线下125个大型超市一天的销量。

消费者们在超市里“逛”，在网上“买”的行为，让传统超市在这一天变成了淘宝的线下体验店。这让很多超市难以接受：“天啊，阿里巴巴你也太不‘道德’了吧？说你在吸干实体经济的血，一点儿也不冤枉吧？”

我们不要着急做价值判断，评价谁好谁坏。先从理性的商业逻辑的角度，理解为什么会这样。

“三流”如水，没有本来的样子

在前文“理解新零售前，先理解零售”这一节里，我们说到了零售的本质。

零售的本质，是连接“人”与“货”的“场”；而“场”的本质，是信息流、资金流和物流的万千组合。

到底为什么会出现“38扫码生活节”，从传统超市吸走有利可图的“买”，而留下巨大成本的“逛”这种现象？我们从传统超市这个“场”的信息流、资金流、物流的角度来进行分析。从信息流、资金流、物流的角度理解零售的方法论，会贯穿本章的始终。

传统超市的零售模式中，信息流、资金流和物流是如何组织的？

你在超市里逛，看到琳琅满目的商品，在这些商品中挑选，看品牌、看介绍、看成分、看保质期，甚至还会捏一捏、摸一摸、闻一闻。通过这些行为，你获得了信息流，用来帮助你决定买或不买的信息。

你决定买，把商品放入购物车，推到收银台付款。付款，也就是买这个行为，帮助你这个“人”和超市的“货”之间，完成了资金流的交换。逛和买的关系是，逛获得信息流，买付出资金流。

然后，你把“货”装进塑料袋，放入手推车，推到停车场，放进后备厢，开车回家。你和超市共同完成了物流。超市完成了从厂家到超市这一段，你完成了从超市到你家这一段。

信息流、资金流、物流，这就是超市“三流”的组织方式。看上去自然而然，似乎它们本来就应该这么组织。但是，如果你愿意打开“车的前盖”，端详里面复杂的交易结构，仔细思考，也许你会有一些疑问。

超市给你提供信息流，让你看、摸、闻的时候，有没有付出成本呢？当然有成本。那么大的面积，有租金成本；充足的现货让你挑，有库存成本。另外，水电、消防、员工工资、损耗、失窃等，都是成本。

超市花了巨大的成本为你提供信息流，可是，它向你收费了吗？超市有没有对你说：根据我们的人工智能摄像头显示，你看了两眼牛排，拿起过三袋不同的洗衣粉，还仔细看过四种牛奶的成分清单。为此，请支付给我17.6元信息费，不然不准走。

没有，超市并没有为向你提供信息流而收费，这些信息是免费的。

这就奇怪了，展览馆花成本提供艺术品展览，提供信息流，你享受了展览馆的服务，所以要付费；超市同样花成本提供商品展览，也提供信息流，你也享受了超市的服务，为什么却可以不付费呢？

因为超市相信，大部分有购买意愿的消费者，在看完、摸完、闻完商品，获得信息流之后，如果感兴趣，多半会直接购买。如果消费者直接购买，之后的资金流、物流也一定会在超市内部完成。逛和买，在传统超市中，几乎是不可分割的。信息流、资金流、物流在这里形成了一个闭环。在这个闭环中，虽然超市不以信息流收费，但既然资金流也在这里完成，那它就可以赚商品的差价。

所以，传统超市的交易结构是：用商品差价，补贴信息流成本。只要资金流的差价能涵盖信息流的成本，超市就有钱赚。

可是，互联网的出现，导致信息流、资金流和物流的闭环被完全拆开，并重新组合。

现在，我们再来理解“38扫码生活节”到底干了什么。

既然传统超市你自愿提供免费的商品展示，免费的信息流，那我替万千消费者感谢你。消费者们，超市花巨额资金给你们提供信息流，赶快去逛吧，不看白不看。可是，拿到信息流，决定买了，请到淘宝下单。为什么？因为我们没有租用那么大面积的场地，不需要备那么多库存，也没有那么高的水电、消防、员工工资、损耗、失窃成本，所以我们的价格比超市更便宜。所以，消费者们，请去传统超市逛，来我们这里买。

"38扫码生活节"的本质，是打破传统超市"用商品差价，补贴信息流成本"的交易结构，重组为"线下获得信息流、线上付出资金流"的新交易结构。

在线下获得信息流、线上付出资金流的新交易结构下，很多与超市类似的线下零售都受到根本性的打击。最直观的体现是，大家去超市的次数越来越少，在网上买东西的次数越来越多，离生活中心5公里之外的大型超市越来越难经营。因为超市把信息流、资金流、物流强行捆绑的方式开始受到挑战，而其自身渐渐成为消费者免费获得信息流的体验场。

作为一本商业书籍，我们不从是否道德的角度评判淘宝的行为，只从商业理性的角度来分析。信息流、资金流、物流像水一样，没有本来的样子，也没有"道德"的样子。这就是一个交易结构取代另一个交易结构的过程，没有感情，没有恶意。正如《三体》里说的：

> 我消灭你，与你无关。

谁该为信息流买单

读到这里，也许你会不寒而栗。传统零售就该被电商吸血吗？到底谁该为信息流买单？如果传统零售都被电商吸血吸死了，谁来提供信息流呢？电商最后不也会死吗？

信息流、资金流、物流的水，从“用商品差价，补贴信息流成本”，流向“线下获得信息流、线上付出资金流”，但不会停在这种互相为敌、你赢我就输的中间状态，还会不停演化，继续融合，直到所有人都获益，同时更高效、更稳定的新交易结构出现。

这种“所有人都获益，同时更高效、更稳定的新交易结构”，就是“新零售”。

举一个例子。很多消费者不喜欢在网上买鞋，主要原因是鞋这种商品存在一定特殊性。鞋的款式不同，会导致鞋码不准，很多时候一定要穿在脚上，亲自试过，才知道合不合脚，而这一点，网上店铺很难满足。所以，很多人在网上看到耐克出了一款新鞋，觉得款式、价格都合适，但不会轻易下单，他会去耐克的线下专卖店试一下，再决定是否购买。

“一定要试穿才知道合不合脚”，这说明互联网提供的信息流太简单，不足以支撑买或不买的决定。而线下的体验，是更强大的信息流工具。

为了获得更多信息流，消费者去线下专卖店试穿。试完之后，觉得很合脚，打算买。可是，线下实体店的价格要比网上的贵许多。这时，消费者可能会对销售员说："你看，这双鞋网上只卖700元，你这儿卖1 200元，我在这儿也试了半天了，你能不能也700元卖给我？这样我就直接在你这儿买，不去网上买了。"

听上去这个要求不过分吧？

这时候，销售员很可能会对你说："亲，真不行啊。这双鞋进价600元，我卖1 200元，但每双鞋，我都要给商场交30%的扣点。1 200元扣30%，我还能剩840元，勉强赚240元付工资。如果卖给你700元，扣掉商场的30%，我只能拿到490元，连进价都不够！真不行啊！"

消费者想：我是很想在你这儿买，但确实贵太多。你不肯便宜卖，就怪不得我了。然后，他理直气壮地离开，在网上买了那双鞋。

这个问题，和超市的问题几乎是一样的。消费者通过体验，享受了线下实体店的信息流，但是线下经销商支付了信息流成本，资金流却被线上抢走了。久而久之，线下经销商会被线上挤对得开不下去，变得越来越少，最终关门。

怎么办？解决这个问题的办法，是交易结构的进一步优化：用品牌商体验店，取代代理商加盟店。

最不想让代理商关门倒闭的是谁？是品牌商。代理商赚不到钱都关门了，谁来帮品牌商卖鞋子呢？只通过线上不现实，因为消费者总是要在线下试穿，获取信息流。只要这种需求存在，实体店就会继续存在。

但是，经销商不可能永远承受免费提供信息流的代价，总有一天会不愿再当“冤大头”。那谁来为提供展示、试穿的信息流买单呢？品牌商。

未来，线下会有越来越多的“品牌体验店”。所谓品牌体验店，是指我开店的第一目的，就是为了让你看、让你摸、让你闻、让你喜欢上我的产品，而不是销售。不以销售为第一目的，经销商就赚不到足够的差价，他们不会接受。没关系，那品牌商就自己开，自己支付租金成本。

在品牌体验店里，遇到了同样的顾客，说：“你看，这个鞋子网上只卖700元，你这儿卖1 200元，我在这儿也试了半天了，你能不能也700元卖给我？这样我就直接在你这儿买，不去网上买了。”这时服务员可能会微笑着对他说：“没关系，那你去好了。”

为什么？因为无论线下还是线上购买，收入都是品牌商的。甚至，对财务来说，体验店的租金、库存等信息流成本，未来会被计入品牌及营销成本内，而非销售成本。那如果品牌商开不了这么多体验店，怎么办？未来可能会有大批代理商转型为服务商，专门提供帮助品牌商开体验店的服务。品牌商考核它们的，不再是销售额，而是用户满意度。

进一步说，代理销售店向品牌体验店的转型，可能会进一步带动百货商场收取扣点的联营模式，向购物中心的租金模式转型。

未来，每一个商业地产的位置上，依然都是门店。只是这些看上去差不多的门店，背后的交易结构会悄悄发生变化，越来越多代理销售店会变为品牌体验店，越来越多以销售为目的的百货商场，会变为以体验为目的的购物中心。

听上去太不可思议了。这是臆测，还是真的在发生的趋势呢？

2017年10月，耐克公司CEO宣布，把原本在全球合作的3万家零售商，缩减为40个合作商。这40个精挑细选的合作商，必须有能力运营独立的体验店。未来，耐克的官网和App（应用程序）会成为主要销售渠道，而体验店则注重为用户提供更好的体验。

每一件事情背后，都有其商业逻辑。耐克正在践行“用品牌体验店取代代理销售店”的新零售逻辑。

除了耐克外，越来越多的品牌，正在尝试“不卖货”的实体店铺战略。

2016年，荷兰内衣品牌Lincherie在阿姆斯特丹开了一家“只能试不能买”的线下体验店。顾客用高科技穿衣镜试衣，然后在数字设备上下订单。48小时内，送货上门。不卖货，还带来一个好处，不用在门店备库存，租金成本、库存成本大大降低。

2017年，美国著名的高端百货公司Nordstorm也在洛杉矶开了一家“不卖货”的实体店。这家店的面积只有300平方米，主要提供个人造型、服装修改、店内提货、退货、修改订单等服务。线下体验，线上购买，线下服务，成为其核心。

信息流、资金流、物流在互联网的帮助下，正在用线上的数据强项，赋能线下的体验优势，从传统的“用商品差价，补贴信息流成本”流向“不卖货的体验店”。这种被线上赋能的线下零售，就是“新零售”。

正如雷军所说：

> 我们要从线上回到线下，但不是原路返回，而要用互联网的工具和方法，提升传统零售的效率，实现融合。

“不卖货的体验店”，是新零售的一个趋势，但一定不是唯一的趋势。那么，怎样才能在“不卖货的体验店”这种新零售趋势来临之前，就事先洞察、提前布局呢？

这就需要我们重新理解互联网和线下。

互联网从来不代表“先进性”，它只是具有一些“独特性”；同样，线下零售也从来不代表“本质性”，传统零售人觉得永远不会变的，可能也只是一些线下带来的“独特性”。理解这些特性，理解线上和线下彼此的优劣势，才能洞察信息流、资金流和物流的流向，提前布局新零售。

第2节

信息流：高效性 vs 体验性

为了洞察，甚至预测新零售的趋势，从这一节开始，我们将讨论信息流、资金流和物流在互联网和线下，分别有什么独特性，借由这些独特性，可以如何重组新零售。

互联网：信息流的高速公路

我们先从信息流开始，从一种司空见惯的行为“货比三家”讲起。

自从人类历史有了交易，“货比三家，择优而选”就一直是人们坚守的购物法则。你去菜市场买菜，如果时间充足，可能会从头走到尾，挑最新鲜、价格又实在的蔬菜购买。买日用品、服装、电子产品等，无不遵循这个原则。下面这个例子，你一定似曾相识。

某一天，你去北京的王府井百货大楼买衬衫，逛了一圈看中一件衬衫，售价600元；然后，你跑到新东安商场，看看同款衬衫的价格，发现这件衬衫卖700元；你还不甘心，又跑到另外一家商场，结果同一品牌的同款衬衫卖800元。综合比较，还是王府井百货最便宜，于是你又折回去，用600元购买了这件衬衫。

虽然过程有点儿折腾，但用最少的钱买到了心仪的衬衫，你的内心还是很满意，觉得没白折腾。

这种购物经历几乎每个人都有过。为什么在购物时要货比三家？主要原因是信息不对称，你去王府井大街购物时，并不知道这三家商场里同款衬衫的价格，不得已只能挨个去看。如果有一种科技，能在你刚到王府井时，就通过人脸识别判定你是来买衬衫的，然后入口的电子屏上会显示这件你想购买的衬衫在王府井百货卖600元，新东安卖700元，另一家卖800元，那你还会“货比三家”吗？你可能会直奔王府井百货。

为什么你以前会货比三家，而王府井入口有了电子价格显示屏后，你很可能就不再货比三家了？货比三家这种行为之所以存在，是因为传统零售的信息流效率很低。

“电子价格显示屏”这种设想，在传统的线下购物场景中很难实现，但是在互联网线上购物中，就很容易。你想买衬衫，在天猫搜索一下，在网速很慢的前提下，也仅需几秒钟，就能知道这件衬衫在不同专卖店的具体价格、有没有打折活动等。

此外，只要是你想买的东西，淘宝就能让你买到。比如，你想买一个cosplay（角色扮演）用的假发或者服装，去家乐福、沃尔玛等大型超市很难买到，淘宝上却有成千上万的商家提供这类商品。所以，很多人惊叹“万能的淘宝”。

为什么淘宝可以“万能”？因为它提供信息流的效率大大提升，又快、又全、又便宜。包罗万象，又方便比价，让淘宝成为中国最大的“百货商场”。2017年“双11”购物节当日，仅阿里巴巴就创造1 682亿元的销售神话。1 600多亿是什么概念呢？已经将近整个蒙古国一年GDP（国内生产总值）的3倍（2017年前三季度，蒙古国GDP仅为81.54亿美元，折合人民币约500亿元）。

所以，互联网提供的信息流，相对于线下，具有非常明显的独特性，那就是高效——又快、又全、又便宜。

那么，因为信息流的高效性，互联网就可以干掉传统零售吗？并没有。

中国商务部在2018年2月1日公布了一组数据：2017年中国社会消费品零售总额为36.6万亿元，其中线上零售额为5.5万亿元，占比15%。虽然互联网电商看上去非常先进，但是依然有85%的消费发生在线下。

为什么？因为互联网电商相对于传统零售，是提升效率的典范；但在提升效率的同时，也损失了体验性。

线下：无法取代的体验性

长久以来，体验性一直是互联网购物难以企及的高点。

以买衣服为例，人们在网上买衣服，因为摸不到料子，也无法试穿，只能凭自己的眼光和感觉。一旦看走眼，就会上演悲催的买家秀和卖家秀。

再比如，你想买个床垫。在网上，你只能看到床垫的长、宽、高等规格，以及这个床垫有20个弹簧支撑、进口乳胶、采用最先进原理设计等文字描述。就算照片拍得再具体、再精美，你还是感受不到床垫给你带来的，只有躺下去才能体验到的舒适感。

网上卖1 200元一张的床垫，到底要不要买？买回来会不会真的舒服？有的人会“赌”上一把，但更多的人还是会选择线下实体店，在商场的床垫上躺一下，真切地感受床垫给后背和脊柱带来的支撑。如果感觉很棒，很快就能做出购买决策。

有位在宜家负责销售床垫的销售员曾分享过一个故事，一位顾客躺在宜家的床垫上睡着了，另一位路过的顾客看了半天后问，躺在床垫上的是真人还是道具？后来，这位销售员摇醒那位熟睡的顾客，据说他醒来后就买下了那款床垫。

在美国，有一家专门卖床垫的电商Casper，采用“不设实体店、抛开中间商、试用40天”等互联网打法，一度让传统床垫零售行业感到紧张。Casper在产品推出最初28天内，其销售额就已超过100万美元；2015年全年Casper在美国本土的销售额已达1亿美元。

然而，销售额野蛮增长了三年后，Casper发现床垫销售根本不能完全避开实体店。于是，2017年，Casper拿到美国零售巨头塔吉特领投的1.7亿美元融资，并通过塔吉特在美国的1 200个店面来销售它的产品。进入零售商场后，Casper发现广告价格和市场预算减少了，更重要的是，退货也减少了。

这就是线下零售无法取代的体验性。互联网擅长信息流的“高效维度”，更快、更全、更便宜；线下擅长信息流的“体验维度”，更复杂、更多感、更立体。

“复杂、多感、立体”的信息流，很难通过数据和图片传递，我们称之为“体验性”。所谓体验性，就是复杂信息，这是互联网目前无法替代的。电商大佬们也试图用技术手段解决线上体验性较差的难题，但目前并未找到完美的解决方案。

2016年被称为“VR（虚拟现实）元年”，阿里巴巴也试图通过虚拟技术改造线上的购物体验。当年11月1日，经过几轮造势后，阿里巴巴正式推出虚拟购物产品Buy+（买+）。这是阿里巴巴VR实验室的一项业务，也是其首次公开的VR战略项目。简单来说，就是戴上VR眼镜，还原真实的购物场景，足不出户体验购物的快感。

阿里巴巴的Buy+服务，选择从海淘业务“天猫国际”入手，消费者打开Buy+，就像进入一个日常的房间，房间的墙上挂着7幅图片，对应世界各地的7个商场——美国塔吉特百货、梅西百货、Costco（好市多）、日本松本清药妆店等。用户只需戴上VR眼镜，点击照片墙上的图片，即可进入对应的虚拟场景，浏览、选购商品。

2017年7月“淘宝造物节”，马云又宣布升级Buy+服务，改为AR Buy+。AR是一种增强现实技术，在体验期间，你只需在手机淘宝中打开AR Buy+中的扫一扫功能，扫描商品，即可进入AR购物世界，无须佩戴VR眼镜。

但是，这两项技术目前都还不够成熟，VR眼镜长久佩戴会产生眩晕感，AR也依然不如线下体验来得真切。戴上眼镜，更像是在看动画片，而不是真人电影，很难入戏。

用虚拟现实改善互联网的“体验性”，方向正确，但路途还很遥远。

新零售：用数据为体验性插上效率的翅膀

那么，问题来了，我们能不能把线上高效率和线下体验性结合起来？新零售的方向，必然是结合互联网信息流的“高效性”和线下信息流的“体验性”。（见图2-1）谁能先想到怎么结合，谁就能率先开启新零售的大门。

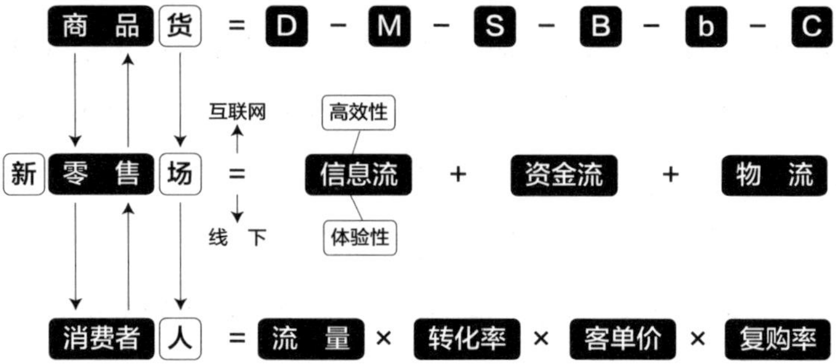

图 2-1

小米公司，可能拿到了第一把钥匙。

2015年9月12日，第一个小米之家线下体验店在北京市海淀区当代商城6层开业了。小米之家的设计，非常强调体验性，其货品陈列比无印良品宽松，比苹果商店密集。小米之家并非传统手机卖场，而是类似于沃尔玛、无印良品这样的百货零售店。在小米之家，不仅陈列了小米手机，还有小米笔记本、空气净化器、净水器、米家压力IH（三维立体加热技术）电饭煲等智能家居产品，以及小米手环、移动电源等手机周边配件。

这些商品来自小米的生态链企业，平均一周左右就能提供一个新品。为了吸引客流，小米还推出一些季节属性强、价格便宜的单品，比如，69元的品罗晴雨伞、19元的米家签字笔等。

以前，很多人都不知道小米竟然有这么丰富的产品。现在，这些产品都放在你面前，你可以在店里慢慢体验，用手去摸一摸产品的质感，甚至打上几局游戏，体会不同CPU（中央处理器）、内存带来的快感。在小米之家，你甚至可以亲眼看到小米净水器带来的水质改变，关注健康的人一定会对此心动。

这就是“不卖货的体验店”。

但是，小米的另一个决定，让这个不卖货的体验店卖货效率出奇的高。那就是“线上、线下同价”。

顾客体验完，觉得喜欢，想买。上网一看，哇，体验店的价格居然和网上一样，那干吗不现在就买下来拿走呢。

雷军给我讲过一个故事。在北京五彩城的小米之家，有很多韩国留学生经常光顾。每一款产品他们体验之后都很喜欢，于是就买了一个28英寸的行李箱，拼命往里装小米产品，装满为止。回到韩国后，他们把一箱小米产品卖给韩国人，可以赚不少钱。然后，这些韩国留学生再往空箱子里装满韩国化妆品，带回中国卖，又能赚不少钱。

他说的这个故事，我是信的。2015年，我去攀登非洲第一高峰乞力马扎罗，因为7天没有电力供应，于是我带了很多小米充电宝。当地人体验了我的充电宝后，一问价格，大吃一惊，纷纷缠着我要买。在回来前的最后一天，我把这些充电宝都送给了他们。

线下的体验性，还给小米之家带来意想不到的结果。

小米之家经营了一段时间后，小米总裁林斌也体会到线上和线下的巨大差异，尽管线下的效率不如线上，但线下对于用户的影响和冲击力要远大于电商。几次站店，他都发现，有不少顾客当天购买了产品后，第二天会带着朋友一起来买。

回头客甚至可以补足选址的缺陷。林斌介绍，在广州高德置地的小米之家门店是地铁商圈，地下二层是地铁，门店在二层，基本没什么人流。做了一年多，周围的店都关了，只有这家小米之家的流水做到1 000万，“靠稳定的人流和回头客，把店给养起来了”。

此外，很多线上购买时难下决心的高单价商品，在线下反而卖得更好。比如平衡车、电动助力自行车等。对于平衡车，很多人只是听说过，或者在路上远远地看过一眼，它的使用体验到底怎么样？买回家真的有用吗？从来没有用过、平衡感不是那么强的人，能立即学会吗？带着诸多疑问，你可能不会在网上看了图片就选择购买，但如果在线下试骑一下，发现真的很容易学会，而且重量很轻，确实能解决短距离的通勤问题，你就很容易会心动购买。

这就是线下零售体验性的巨大价值。那互联网的高效性呢？

小米在店里设计了一个五连屏、80英寸的自助购物墙。选好商品后，顾客可以直接扫码下单，服务员递交商品，整个操作不需要人工干预。小米还试图通过移动支付的方式，“革”掉收银台的命，付款效率提高了几十倍。此外，客人在手机上通过小票OA（办公自动化）码就可以申请电子发票。

线上数据还能有效地降低库存。目前，小米之家主要依赖于小米商城对于产品销量的预计来订货，20%依赖于生态链企业配合小米之家的判断进行提前备货。当生态链企业发现某个产品好卖，即便小米商城还没有向生态链订货，生态链自己也会做一部分备货，以防万一出现脱销的情况来不及生产。

用互联网的数据给线下赋能。新零售，就是用线上的高效性，给线下的体验性插上效率的翅膀。

除了小米之家，亚马逊线下书店也是“用互联网的效率回到线下”的一个好例子。

2015年11月，曾经差一点逼死实体书店的亚马逊在西雅图市中心以北的购物中心University Village中，开设了第一家线下书店Amazon Books。

据其副总裁珍妮弗·卡斯特介绍，Amazon Books线下书店将成为Amazon.com的实体延伸，亚马逊将利用超过20年的在线书籍销售经验去建设这家书店，而这家书店本身将集合线下和线上书籍销售的优势。

亚马逊的实体书店与其他实体书店到底有何不同?

对传统书店而言，采购合适的书籍一直是书店经营者的痛点，即使经验丰富的采购人员也很难对快速变化的消费者品味做出及时的反应。但亚马逊掌控的庞大数据则让Amazon Books更具慧眼。Amazon Books的经营者将基于亚马逊官网上的消费者评价、预购量、销售量、受欢迎程度做出评价，最终选择那些更有可能引起消费者兴趣的书籍。

在书籍的陈列上，Amazon Books也一反常态，打破按照政治、经济、社会、文学等大类进行分类摆放的做法。当你逛Amazon Books实体店时，看到的是“读者最喜欢的食谱”“评分在4.5分以上的图书”“96%的读者给了5分满分的图书”“如果你喜欢这本书，后面的这一排书你也可能会喜欢”等类目。

Amazon Books中书籍下方的信息展示除了价格等基本信息之外，还加入了更多有意思的内容，譬如读者给该书的总体评价，并精选一些读者的反馈。这些信息不仅对购书者十分关键，还丰富了消费者体验，强化了线下和线上的关系，形成相互联结的态势。

“读者最喜欢的食谱”“评分在4.5分以上的图书”“96%的读者给了5分满分的图书”，这些数据在传统线下实体书店，是很难获得的。亚马逊利用线上信息流的高效性，获得有价值的数据，然后用数据给线下的Amazon Books赋能，用亲手翻一翻书这个体验，临门一脚，促成下单购买。

你的商品，如何结合线上信息流的高效性和线下信息流的体验性，改善交易结构，迈入新零售呢？

第3节

资金流：便捷性 vs 可信性

从信息流的角度看，互联网和线下的零售，都有各自独特的优势。那么，在资金流方面，互联网和线下又有哪些不同？

互联网：前所未有的便捷

互联网的资金流，有什么优势呢？互联网资金流的优势，简直是显而易见的，那就是“便捷性”。

过去，你在地铁站里想买一瓶可乐，需要找一台自动售货机。一台自动售货机的结构非常复杂，首先需要有精密的设备，识别真币、剔除假币；然后还要有硬币盒，用于找零，叮叮当当，不能数错。但即便再精密的设备，有时还是会识别错纸币，或者找错零钱，整个购买过程非常麻烦。

2011年10月，支付宝推出一种针对手机扫二维码的支付方案，成为国内首个针对二维码应用的支付方案。就在当年5月，央行发放第一批27张第三方支付牌照，支付宝是其中之一。

2012年，打车软件快速兴起。打车的小额高频支付场景，与二维码支付非常契合，成为支付宝扫码支付快速普及的领域。然后，微信也推出了二维码支付，凭借打车软件进入市场。2014年春节，微信红包的火爆程度远超春晚。

移动支付在阿里巴巴和腾讯的带领下，迅速占领各大支付场景，让付款这件事变得极其简单。它的便捷性已经完全取代线下支付。如今，就算是卖红薯的小商贩都开始用微信和支付宝收款，你路过某个天桥，很有可能会看见那些乞讨者已经与时俱进地摆出收款二维码。

再看看现在的自动售货机，几乎全都变成扫二维码的支付形式。选好你喜欢的商品，拿出手机扫一下支付二维码，点击确认支付，就可以拿到商品了。非常简单，而且再也不需要识别假币，或者找回硬币。

互联网支付，尤其是移动支付，给我们带来了前所未有的便捷。

线下：见面，还是更值得信任

但是，互联网的资金流，相对于线下，有没有一些弱点呢？当然有，那就是缺乏“可信性”。

谈到资金流，不得不谈物流。资金流和物流，一直是一对亲兄弟。在信用机制越不发达的地方，它们越亲近。

比如，我们以前常说“一手交钱，一手交货”。这是什么意思？一手交钱，就是资金流；一手交货，就是物流。它们的流向通常正好相反，资金从我到你，那么货就要从你到我。但是，是先给钱，还是先给货呢？谁也不敢轻易相信谁，那就同时吧。这就是一手交钱，一手交货。

双向同时，是传统零售资金流和物流的常态。你在商场买东西，在餐厅吃饭，甚至在自动售货机上买一瓶可乐，基本上都是一手交钱，一手交货。

然后，互联网出现了。

网上购物，给我们带来信息流的高效性，展示信息的方式更快、更全、更便宜了。但是，资金流和物流这对亲兄弟，却被强行分开了。买家和卖家相隔甚远，无法做到一手交钱，一手交货，因此必须做个约定，到底是我先付钱，还是你先发货。这两件事情，没有办法同时进行。

这就带来信任的问题。线下零售一定要意识到，见面带来的可信性，到今天为止都是线下零售的巨大优势。很多老人不敢在网上买东西，就是因为对网上支付的资金安全不信任。

素未谋面带来的可信性的缺失，严重限制、阻碍了互联网电商的发展。解决可信性，一直是电商的头等大事。

早在20世纪90年代的美国，电商已经诞生。但是，由于缺乏可信性，很多买方并不愿意把自己的信用卡账号等信息告诉素未谋面的卖方。不知道你是否使用过信用卡在网上付款，它需要你输入信用卡号、姓名、有效日期，甚至信用卡背面三位安全码。对方说，他不会留存这些信息。但是，你敢给吗？

于是在美国，电商的发展引发了一场资金流的变革；这场变革，又助推了电商的发展。引领这场变革的人叫埃隆·马斯克。是的，就是特斯拉和SpaceX（太空探索技术公司）的创始人，被称为“钢铁侠”的埃隆·马斯克。1998年，他与合伙人一起创办了一家在今天赫赫有名的公司PayPal（贝宝）。PayPal“封装”了信用卡信息，让买家不再担心信息被滥用，并针对电商交易做了优化，在一定程度上提高了网上购物的安全性。很快PayPal风靡全球，并于2002年10月被电商巨头eBay（亿贝）用15亿美元收购。

PayPal是人们解决互联网购物的可信性问题的一个重要工具。在中国，给互联网“增信”的工作晚了5年，却成就了一家市值5 000亿美元的公司——阿里巴巴。

阿里巴巴的淘宝在成立早期，也遇到了美国电商一样的问题：在线购物的买卖双方对彼此不信任。我把钱给你了，你不给我寄货怎么办？我发货了，你不付钱怎么办？

2003年10月18日，淘宝首次推出支付宝服务。很多人认为，发布基于“担保交易”逻辑的支付宝，是整个阿里巴巴获得成功最为重要的一项战略决策。

什么叫“担保交易”？担保交易，是在国际贸易中解决可信性问题的一种手段。买家买东西时，先付钱，但钱并没有立刻到卖家的账户上，而是进了中间账户支付宝。支付宝收到货款后，就通知卖家，钱已经付了，你可以发货了。卖家看到钱已经汇出，就放心地发货了。买家收到货后，看到货没有质量问题，点击“确认收货”。然后，支付宝再把钱打到卖家的账户。

基于担保交易的支付宝推出后，买家终于可以放心地在网上买东西了，因为他手里有权利：收到东西不满意，可以不点“确认收货”，可以不付款，可以退货。这就对卖家提出了很高的诚信要求：不能随便寄破损的商品给买家。如果买家不付款或者退货，那就白忙了。支付宝的推出，极大地促进了互联网卖家诚信体系的建立。

美国的PayPal和中国的支付宝，这两个“宝”都让电商的“可信性”大增。即便是这样，到今天为止，用于交易（而不是转账）的互联网支付，大多数依然是小额支付。而大额支付，很多人还是会选择线下。

为什么？还是顾虑。万一对方真的是骗子，就是不发货呢？金额不大的话，就算被骗，认个倒霉，还能接受。若真是大额，那就不敢了。这就是“零钱心理”。

什么叫“零钱心理”？

在经济学中，有一个非常重要的概念，叫作“心理账户”，是芝加哥大学行为科学教授理查德·塞勒提出的概念。这一理论使塞勒获得2017年诺贝尔经济学奖。

塞勒认为，除了钱包这种实际账户外，在人的头脑里还存在着另一种心理账户。人们会把在现实中客观等价的支出或收益，在心理上划分到不同的账户中。比如，我们会把工资划归到靠辛苦劳动日积月累下来的“勤劳致富”账户中；把年终奖视为一种额外的恩赐，放到“奖励”账户中；而把买彩票中奖的钱，放到“天上掉下的馅饼”账户中。

同样类似的心理账户，还有一种“零钱账户”。比如你钱包里有一张100元的整钞，你舍不得把它破开花掉，但只要你买了1元钱的东西，剩下的99元零钱很快就会花光。所以，零钱账户里面的钱，花起来心理上没有压力。但是整钱的心理账户，每次花销都需要经过慎重思考。

当我们明白心理账户的概念，以及零钱心理后，就很容易理解为什么大家线上和线下的购物习惯有一定差别。线上购物因为无法获得复杂“信息流”（体验性），而“资金流”和“物流”无法双向同时发生，始终缺乏“可信性”，所以，相对来说，大家更愿意用“零钱账户”里的钱在网上“试错”。但在线下购物，信任感明显就会提升很多。

PayPal和支付宝的模式都是充当第三方，买家把钱转给第三方，第三方收到后，会通知卖家发货，买家确认收货后，第三方再把钱转给卖家。虽然它们的诞生，就是为了减少买家与卖家之间的不信任感，但人们还是会觉得线上交易没有线下一手交钱，一手交货更具可信性。

很多老年人不喜欢网上购物，并不仅仅是因为他们学不会这种新的购物方式，而是他们觉得店就在那里，万一有事儿，那个店跑不掉。涉及价格昂贵的物品更是如此，比如一块名表，在实体店要卖十几万元，网上只卖2万元，但你可能不太敢买。

那到底多大额度算是零钱呢？大概是200元以下。通过淘宝交易的历史数据，我们可以发现，淘宝交易最集中的额度在100~200元，这一额度并非受商品质量影响，而是人们普遍能接受的零钱心理账户在这一区间内。

微信红包的最高额度也是200元。为什么不是2 000元？也许对有些人来说，2 000元以下都叫零钱，但对绝大多数人来说，200元以下才算是零钱，再大就会有所顾虑。

再举一个例子，2017年11月10日，互联网信用贷款平台拍拍贷在美国纽交所上市。在拍拍贷上，每个借款人的首次授信额度仅为3 000元，用户需要依据自己的行为逐渐积累信用，才能贷到更多的钱。

根据招股书，2016年和2017年前6个月，拍拍贷平台平均贷款金额分别为2 795元和2 347元，平均贷款期限分别为9.7个月和8.2个月。可以看出，拍拍贷的单客贷款金额很小。为什么在线上，各种信贷平台都以小额贷款为主，而在线下，银行却敢借给用户几十万、上百万？这是因为线上信用体系还没有完全搭建。

由此可见，由于相对于线下缺乏可信性，线上资金流更容易发生在小额交易上；而大额交易，可能会带来可信性的心理障碍。所以，面对互联网，线下零售要明白自己可信性强这个独特性，在大金额交易上寻找战略优势。（见图2–2）

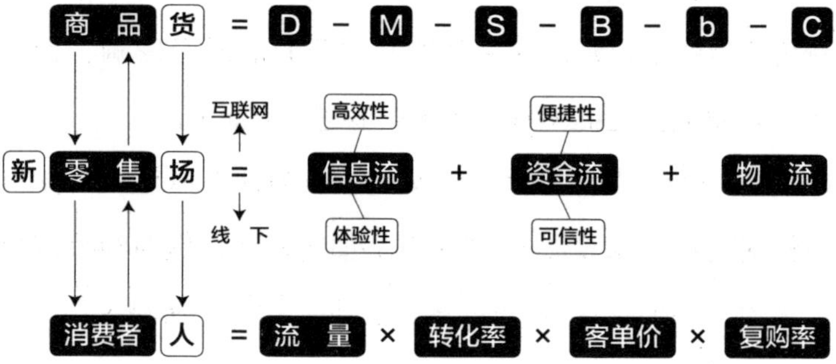

图 2-2

新零售：用数据建立新的信用

那么，问题来了，我们能不能把线上的便捷性和线下的可信性结合起来？

当然可以。这就需要用数据为资金流赋能，为便捷性增加可信性。这就是本章的主题：数据赋能。

无法一手交钱，一手交货，导致交易双方互不信任，是可信性问题的根源。那能不能利用新科技，比如大数据，让一方（比如卖方）可以更加信任另一方（比如买方）呢？如果这个信任可以发生在交易之前，那么卖家就可以安心发货，而不用担心买家的信用风险。

2014年伊始，京东推出了“先消费，后给钱”的资金流模式：京东白条。

京东白条，就是用户可以选择最长30天的免息延期付款，或者3~12个月分期付款。京东白条首次公测50个名额，最高1.5万元的授信额度，很快受到消费者青睐。

为什么京东敢先把东西给你用，最多30天后再向你要钱？因为相信你不会不给钱。京东凭什么相信你？因为根据大数据显示，你值得信赖。

首先，如果你想拿到最高1.5万元的“先消费，再给钱”的打白条资格，起码你去年的消费总额要大于这个数字。另外，你以往的消费频率、总额、类别、单次最高金额等数据，都会成为你能否获得白条资格以及多大额度的标准。然后，京东用它的算法，基于数据，告诉你：我对你的信任值2 000元，或者8 000元，或者1.2万元。

在京东开放白条的一个月后，支付宝跟进了类白条业务，推出花呗、天猫分期，苏宁易购也推出零钱贷等。其实，这些产品的本质相当于“网络虚拟信用卡”，用户可以在买东西时延期支付，如果超出付款期限，则需要支付一定比例的利息。

白条类产品，还受到大学生群体的欢迎。据说京东白条推出后，很多大学生买卷纸都用白条。京东给学生群体的白条额度为3 000~5 000元，要知道，大学生在校期间的个人信用记录目前还没有和个人征信系统接轨，就连银行都不愿意为其提供信用卡服务。但这些大学生仍然可以以消费大数据作为判断标准，成为京东白条的用户。

为什么京东敢这么做？还是因为数据。全面的数据，能够比面试更准确地刻画一个人。被数据赋能的移动支付，在便捷性的基础上，增加了可信性，推动新零售的进化。

除了消费信贷类产品，微信、支付宝还利用大数据推出现金信贷产品“微粒贷”和“借呗”，根据消费者的消费数据进行分析，产生信用模型，并计算出相应的借款额度。在微信的微粒贷和支付宝的借呗上借钱，为什么不需要抵押就让你把钱借走？就是基于大数据计算出来的可信性。

2017年，很多民间现金贷被严厉整治，就是因为大量没有抵押，也没有数据的民间机构，从事风险极高的现金贷业务，结果收不回来钱，只能暴力催收，严重影响社会稳定。

民间现金贷比微信、支付宝的现金信贷中缺了一个“信”字，是问题的核心。而这个“信”字，来自数据赋能。

数据为资金流赋能，其核心就是基于数据产生的信用，提高线上的可信性。如何利用数据提高可信度，支付宝的“芝麻信用”是一个很好的例子。

芝麻信用从身份特质、履约能力、信用历史、人脉关系以及行为偏好5个维度采集数据，并建立了权重模型。根据这个模型，芝麻信用给出信用好坏的评级：350~550分，较差；550~600分，中等；600~650分，良好；700~950分，极好。

以我自己为例，我的芝麻信用是829分，属于“极好”的范畴。实际上，芝麻信用超过600分，就可以做很多事，比如申请花呗、借呗，还可以在阿里旅行“信用住”的合作酒店享受“零押金”入住服务。

以往，人们入住酒店时都需要去前台办理入住手续，除了扫描身份证，还有一件重要的事就是刷信用卡，以防顾客住了几天之后，没付钱就走了。所以，刷信用卡相当于支付押金，是一个非常重要的环节。

现在，在数据和技术的加持下，如果你的芝麻信用超过600分，你在网上预订一个酒店，就会直接显示房间号，房间门上有二维码，拿手机一刷就可以直接入住。芝麻信用的分数足够高，就足够说服商家相信你不会欠钱。然后，退房也可以通过手机操作，房费会直接从支付宝账户扣走。如果需要发票，还能直接开具电子发票。整个过程都不需要去前台办理相关手续。

在2017年的共享单车大战中，关于押金，一直争议不断。你担心我骑车不还？那就交押金啊。但是，我交了押金，你挪用退不回来怎么办？

于是，小黄车选择和芝麻信用合作。芝麻信用在650分以上的用户，不用支付押金，可以直接把车骑走。

再比如，在阿里旅行的“去啊”电子签证平台，用户的芝麻信用如果高于700分，就可以不用提供在职证明、个人信息表、户口本、身份证复印件等资料。总之，线上的信用度通过数据极大地提高了。

京东白条，阿里巴巴的花呗、借呗、芝麻信用，腾讯的微粒贷等，用数据赋能互联网的资金流，让零售不再必须在便捷性和可信性之间做单选题。

第4节

物流：跨度性 vs 即得性

未来，互联网信息流的高效性、资金流的便捷性，与线下信息流的体验性、资金流的可信性，仍然会不断博弈。最终谁主沉浮，现在还不能下定论。因为零售这个“场”中，还有一个要素在快速演化，那就是物流。

物流在互联网和线下，也有明显的区别吗？当然有。互联网的“跨度性”和线下的“即得性”，正在进行激烈的对抗和合作。衡量跨度性物流，最重要的指标是快；衡量即得性物流，最重要的指标是近。一场“快 vs 近”的竞争与合作，硝烟绝不亚于好莱坞大片。

互联网：全世界的好东西，向你飞奔而来

无论你是去超市买东西，还是去商场，去任何一个线

下的零售业态，都是人在移动接近商品。按照物流的方向划分，我们称其为“人找货”：货离你尽量近后，等着你去找它。

人找货有一个缺点，受距离的限制较大。一个人的生活半径有限，能找到的货，永远是极少的。人们之所以感叹万能的淘宝没有买不到，只有想不到，就是因为在现实生活的活动半径中，接触不到多少货。

进入电商时代后，人找货变成了货找人。你在网上下单后，坐在家里等货，货移动着来找你。

人的活动半径有限，一般几公里，最多半个城市；但是货不一样，可以跨过半个地球来找你，它的活动半径就是地球的半径。这是互联网电商在物流方面带给我们的改变，它实现了跨度性。

2017年国庆节期间，我带领40位中国企业家、创业者在德国参访工业4.0，其间的一些小故事让我感触深刻。

有一位做跨境电商的创业者，分享了他的经历。

在英国留学时，有一次，他笔记本电脑的网卡坏了，于是想买一个网卡上的小天线配件。他在eBay英国分站上找到了这款小天线，但要20欧元一个。作为穷学生，他觉得实在太贵了。于是，他上淘宝搜了一下，同样的小天线，居然只卖5元人民币！这还是零售的价格，如果一次性批发10个，只要5角钱一个。

信息流的高效性让他认识到，很多商品的价格在全球范围内存在巨大的套利空间。在过去，是由国际贸易商来填补这个沟壑，获取利润。但是现在，有了互联网，这些沟壑就被直接暴露在每个互联网用户面前，有商业嗅觉的人就从中找到了商机。

他从淘宝上批发了一批天线，通过各种国际物流转运到手，在英国的eBay上销售，在很短的时间内赚了十几万元。从此，他开始做跨境电商生意。以前之所以有价格差存在，是因为信息不对称，物流不发达，一旦物流足够发达，跨度足够大之后，就可以基本消灭信息不对称带来的中间价差。

今天，拜互联网电商的物流跨度性所赐，他获得了丰厚的收益。

在互联网电商高度发达的当下，全世界各个地方的“货”向“人”飞奔而来，人们可以足不出户，买到全球任何地方的商品。比如，美国产的翻页笔，可以卖到中国来；中国的淘宝上有非常便宜好用的天线，也可以卖到英国去。物流代替人在流动，从而使跨度性极大地增强。

人找货，活动的范围有限，但如果变成货找人，就会出现一种新情况：全世界的货物都可以奔向你，价格也会被拉平。这就是互联网电商物流的跨度性优势。

线下：我马上想要，就要立刻拿到

但是，线下就没有优势了吗？恰恰相反，线下物流，依然是传统零售在“三流”中最大的优势，因为它拥有一种电商物流做梦都想要的能力，那就是“即得性”。

什么叫即得性？

吃完晚饭，你到楼下散步。胃很胀，你突然很想喝一杯酸奶。请问，这个时候，你会去1号店或者天猫超市买这瓶酸奶吗？肯定不会，因为1号店的酸奶要克服跨度性向你飞奔而来，再快也要第二天早上才能送到你家。

这种情况下，你最有可能去你家小区附近的便利店买。因为你马上想要，就要立刻拿到。即使便利店的酸奶没有大超市、电商平台便宜，你仍然会买。此时，便利店就提供了一个非常稀缺的独特性：即得性。

即得性，就是即刻获得的特性，这是今天的互联网电商仍然不具备的。

有些商品的即得性很重要，你回家时突然想吃某种水果，想买一束鲜花，你会在家附近的商店买；你在家里做饭，突然发现没有盐了，就会赶紧去楼下便利店买。此外，有些紧急情况也需要商品的即得性。比如，参加一个重要会议，忘记带皮鞋或者领带，这时你会就近找一家商场，火速选购，而非在淘宝上下单；突然感冒，头疼嗓子疼，发现家里的感冒药没了，这时你会找附近的药店买药，而不是上网买：美国有种感冒药挺好，看看这个星期是不是能寄到。

不过，有些商品的即得性就弱很多。如果你想买个冰箱，或者买台电视，但并不需要它立刻出现在你家，等几天也是可以接受的。这时，你更关注商品是否最适合。利用跨度性，在全国，甚至全球范围内挑一个最好、最适合自己的产品，损失一些即得性也没关系。

那么，是不是所有线下零售，都具有即得性优势呢？

并不是。既然“我马上想要，就要立刻拿到”，那么，当然离人越近的地方，越有即得性优势。如果要去5公里之外的商圈，比如沃尔玛、家乐福、万达、苏宁，或者更远的汽车4S（集整车销售、零配件、售后服务和信息反馈四位一体的汽车信息服务）店买东西，就不会获得即得性。你要么开车，要么坐公交车去，来回至少1小时在路上。没有即得性优势的线下零售，面对互联网跨度性的冲击，就很难经营。比如，最近几年，离居住区较远的大型超市越来越难经营。

据统计，2012年沃尔玛在华关闭5家门店，2013年关闭15家，2014年关闭25家，2015年关闭1家，2016年关闭13家。

不仅是沃尔玛，其他大型零售企业的日子也不好过，有数据显示，在2013—2014年两年内，家乐福关闭门店约25家，2016年华润万家上百家店铺关门。永辉超市在零售业低谷期持续跑马圈地开新店，但在2015年前三季度也关闭了7家门店，损失超过5 000万元。2017年8月，家乐福发布盈利预警，中国业务销售额在当年上半年同比下降6%，而且萎缩的趋势至今没有扭转。

那什么样的线下零售，才更能发挥即得性优势呢？离你更近的，离你家小区不到1公里的“社区”。社区里最主要的业态是什么？便利店。

与大型商超深陷泥潭相对应的，是便利店依然不错的生意。这是因为便利店提供了即得性。所以，越来越多零售巨头开始进军便利店。从2014年开始，一直在中国耕耘大型超市的家乐福，也把其便利店“easy家乐福”引入中国，重点布局。

一系列标志性事件发生在2017年：去哪儿创始人庄辰超创立便利店品牌便利蜂，半年多时间就布局上百家门店；武汉便利店品牌Today（今天便利店）获得信中利资本集团领投的B轮融资；深耕北京市场15年的便利店龙头品牌好邻居被全资收购；零售集团永辉超市入股中国首家便利店上市公司红旗连锁。《2017年线下零售生态报告》的一组数据显示，2016年便利店店面数量较前一年增长9%。

互联网的跨度性，带来了“全”；线下的即得性，带来了“快”。（见图2-3）传统零售不能继续自大，但也完全不用自卑。线下即得性的优势，值得传统零售长舒一口气，放下心中的石头。但是，不要忘了即得性在线下，是通过“近”来实现的。

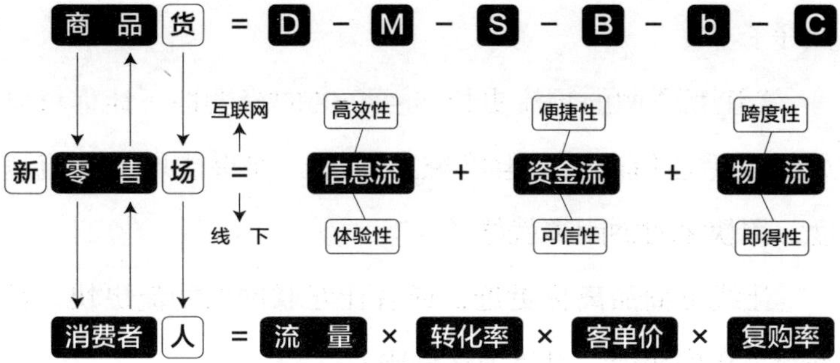

图 2-3

新零售：大数据让“快”和“近”殊途同归

互联网电商“货找人”的物流体系，与线下零售“人找货”的开店逻辑，一直在博弈，它们在速度和距离之间，进行着一场至今未分出胜负的较量。这场较量摩擦出的每一个火花，都是新零售的星星之火。

想象一下，如果你在做饭的时候，突然想用镇江的醋，或者日本的酱油，而且是立刻就要用该怎么办？

这时你一定会想，要是互联网的跨度性和线下的即得性可以兼得就好了。怎么做呢？从商业的角度来说，有两个办法：

1.让线下商品离你更近，越近越有即得性。如果能更智慧地安排库存，把我想买的商品，放在离我最近的地方就好了。

2.让互联网的物流更快。互联网的跨度性，让你可以买到几乎任何产品，但终究有时差。如果能增加物流速度，用快来对冲距离就好了。

让线下商品离你更近，或者让互联网的物流更快，都是新零售的机会。具体怎么做呢？

首先，如何让线下商品离你更近？用大数据赋能现代物流，通过预测用户的购买行为，在你下单之前就提前备好库存，把商品放在离你更近的地方。

每年的双十一都是一场物流的阅兵式。菜鸟网络CEO童文红这样描述双十一物流配送大战：

> 双十一物流背后，其实是一场数据的战争，是数据的指挥枢纽。

童文红没有夸大其词。依靠强大的数据系统，在双十一前3个月，菜鸟网络就准确地预测每家快递公司在全国每一条线路上的包裹量，帮助快递公司做到“兵马未动，粮草先行”。

你在双十一买过东西吗？你有没有在双十一之前，提前把要买的东西放入购物车，然后等双十一的零点零分一起下单？你想过为什么阿里巴巴强烈建议你把商品先放入购物车吗？

根据全国人民淘宝购物车里的数据，阿里巴巴就可以预测，大概中国人会买哪些东西，送到哪里去。这些数据虽然不是最终数据，但也八九不离十。利用这些数据赋能物流和仓储，双十一前的三个月，整个中国的物流业就已经开始动起来了。

商品被放到了离你最近的地方，等着你下单，速度当然快。

菜鸟双十一物流报告显示，从签收时间看，2013年双十一签收1亿包裹用了9天，2014年用了6天，2015年提速到了4天，2016年则进一步提速，用了3.5天，2017年仅用2.8天。

京东在“让线下商品离你更近”这件事上，也不遗余力。

刘强东在接受央视记者陈伟鸿采访时表示，2016年“618购物节”，一个消费者买了部手机，从下单到配送员敲响消费者的家门，只用了7分钟。7分钟，不可能吧？出库都来不及。其实这就是数据的魔力。京东通过大数据，分析各片区主流单品的销量需求，预测到这栋楼里可能会有人买这部手机。在这个消费者下单前，商品就已经提前运输配送到该区域站点，放在离他更近的地方。当消费者下单后，快递员马上配送，所以只花了7分钟。

千万不要以为预测式购物只是一个噱头。亚马逊早在2013年12月就获得了“预测式出货”（anticipatory shipping）的专利。在专利文件中，亚马逊表示，目前影响人们进行网上购物的一大障碍，就是商品配送的时间太长。

通过这项专利，亚马逊会对消费者之前的订单、商品搜索记录、愿望清单、购物车，甚至包括用户的鼠标在某件商品上悬停的时间进行分析，进而在消费者下单前，将他们可能购买的商品配送到距离最近的快递仓库，“让线下商品离你更近”，一旦消费者按下购买的确认按钮，商品就能以最快的速度被送到家门口。亚马逊的愿景是，某一天一本新书刚出版，有购买意愿的读者在当天就能下单，并且在购买当日收到货。

这听上去很疯狂。不过，预测式购物的鼻祖，可能要追溯到台湾的“经营之神”——台塑集团创始人王永庆。

20世纪30年代，王永庆的事业是从开米店做起的。为了和隔壁日本米店竞争，王永庆颇费了一番心思。

王永庆主打送货上门服务，但他并非只是简单地把米袋子放到顾客家门口，他会帮顾客将米倒进米缸里，如果米缸里还有米，他就将旧米倒出来，把米缸刷干净吹干，然后将新米倒进去，将旧米放在上层。这样，旧米就不至于因陈放过久而变质。

然后，王永庆会掏出一个小本子，默默记录下顾客家有多少旧米，这次运来多少新米，再数数顾客家里有几口人。这样，他就能大概推测出顾客家的米什么时候吃完，下次送货时就直接扛着大米去，不用提前问。顾客一开门看见有人送米，发现自己家的米确实要吃完了，当然不会让他把米背回去。

王永庆之所以能做到精准预测，是因为他掌握了顾客的消费“数据”，只不过他是通过自己记录的小本子实现“数据赋能”的。而现在的电商平台则先进得多，除了收集消费者在其网站上的搜索和购买行为之外，还收集许多其他信息数据，包括社交媒体的内容、线下的购物行为数据等。它不仅知道我们买什么，还知道我们什么时候去商店，经常购物的地点、付款方式等。但从本质上来说，今天亚马逊、阿里巴巴、京东所做的，就是把王永庆的小本子用高科技升级了。

然后，如何让互联网的物流更快？亚马逊、京东等公司为此推出一项新服务：无人机送货。

无人机送货这一想法最初来自亚马逊CEO杰夫·贝佐斯。2013年12月1日，在美国CBS（哥伦比亚广播公司）访谈节目《60分钟》中，贝佐斯透露了一个看似疯狂的计划，亚马逊未来将不再通过UPS（联合包裹速递服务公司）和联邦快递送货，而是使用八旋翼无人机向客户运送快递。对此持怀疑态度的人将其视为宣传噱头。

事实上，亚马逊Prime Air无人机项目并非噱头，贝佐斯也非常认真地对待这一项目。2015年，亚马逊在英国剑桥附近进行无人机飞行测试。2016年12月6日，亚马逊无人机进行首次送货，一位客户下了订单（一包咸甜口味的爆米花和Fire TV电视盒子），13分钟后，包裹送到了客户的花园里。

在电子商务比美国还要发达的中国，互联网公司当然不会放弃这一提升配送速度的绝佳机会。

2016年6月，京东在江苏宿迁送出无人机配送试运营的第一单。京东无人机从宿迁市曹集乡天同庵村居委会起飞，降落地为曹集乡孙庄村的京东推广员站点，直线距离5公里，单程约10分钟。此次试运营共展示了3款无人机，载重从10公斤到15公斤不等。

2017年2月，京东与陕西省政府签署战略合作协议，双方将联手打造全球首个300公里半径低空无人机通航物流网，通过无人机来送递网购包裹。按照规划，双方将在陕西省建设100个无人机机场，京东则利用载重量数吨、飞行半径300公里以上的中大型无人机，合力打造低空无人机通用航空物流网络，实现陕西省全域覆盖。

国内同样对无人机感兴趣的还有物流巨头顺丰。2013年，顺丰就已经开始测试无人机送递包裹。在国外，快递巨头UPS也在尝试找到物流无人机的应用场景。2016年9月，UPS利用无人机将哮喘吸入器送往一个小岛，飞行距离约5公里，时长仅8分钟，而同期进行的乘船上岛测试耗时大约30分钟。

就连物流行业的国字号——中国邮政也开始使用无人机快递，试图降低从镇到村的人力成本。2016年4月，中国邮政与迅蚁无人机物流公司达成合作。5个月后，浙江安吉坑垓镇成为首个试点区域。

为了提升物流的“快”，电商的探索并不会止步。2017年的“618购物节”，京东在中国人民大学等校园推出无人送货车；京东和阿里巴巴的部分仓库，已经实现机器人分拣、搬运货物；阿里巴巴更是提出了“国内24小时，全球72小时”物流必达的战略。

库存更近，物流更快。通过数据赋能，这两者正在殊途同归，合而为一，成为新零售最坚实的基石。

第5节

天猫小店：大数据助力线下零售

数据赋能零售，还有哪些方式？

2017年8月28日，阿里巴巴旗下零售通宣布，第一家专注服务社区的天猫小店——维军超市在杭州正式运营。

在中国，有一种非常传统的商业模式叫“小卖部”，一般是开在小区附近的夫妻小店，销售的产品以烟酒糖茶油盐酱醋为主，为街坊邻居提供便利的同时，赚点小钱。最近几年，小卖部陆续受到大型商超、电商、连锁便利店的“排挤”，人们购物习惯的不断改变，让小卖部的日子越发不好过。除了赚点零售差价外，有些小卖部不得不靠收取挂牌费赚钱，在牌匾上印品牌商标。

小卖部的第一波竞争对手是沃尔玛、家乐福等仓储型超市，这些外资超市进入中国后，拉低了很多消费品的价格，很多人习惯趁节假日集中去超市囤一大批日用品，从而抢走小卖部很大一批客源。

而电子商务的兴起，在一定程度上抢了大型商超的买卖。新一代相对年轻的主流消费人群，消费行为越来越趋于随机和碎片化，年轻人很少有计划性地进行提前囤货，即使出于低价考虑，一次性大量囤货也会选择送货上门的网购渠道。

所以，相对来说，小卖部的供应链效率低，层层批发后，价格比超市、网上贵很多，在品质控制方面也没有大型超市做得好，商品质量参差不齐，品类也不全。消费者不到迫不得已要购买一些急用的必需品，很少会光临小卖部。

"近"几乎是小卖部唯一的优势，然而，这个优势也逐渐被"集团军作战"的7-11、好邻居、全家等连锁便利店取代了。

首先，连锁便利店有品牌优势。当一个连锁便利店在全国扩张到1 000家、2 000家，甚至上万家时，它就能实现统一的店面设计、管理，集中采购，把控品质，提供良好的购物环境及体验。

其次，连锁便利店打通了供应链，能做到一定程度上的选品优化。假如某连锁便利店整个供应链体系有7 000个SKU（stock keeping unit，即库存量单位，可以简单地理解为商品的品种数），它可以根据店面所处位置，挑选700个最适合在这个地方销售的品种上架。如果经过一段时间验证，发现销量不好，它可以在7 000个SKU中，再选出其他产品进一步优化。此外，日资便利店提供的那些自主研发的鲜食产品（饭团、关东煮、盖饭等）的毛利率能达到40%~50%，也吸引了一大批年轻顾客。

所以，游兵散勇的小卖部，怎么和连锁便利店的集团军作战？小卖部连距离上的优势也几乎丧失了。据报道，连锁便利店的渗透率，已从2015年的32%上升至2016年的38%。

阿里巴巴的天猫小店，能够帮到这些小卖部吗？

千店千面，精准匹配社区消费群体

天猫小店试图改造在消费者住所附近100~500米范围内的传统夫妻店。第一家被阿里巴巴改造的“维军超市”，就是一个已经经营8年的传统夫妻店。

阿里巴巴是怎么做的呢？

针对这些小卖部，阿里巴巴与许多优质供应商合作，推出一站式进货平台零售通，这些小店可以在零售通上订货，然后由天猫统一配送。所以，第一步，阿里巴巴先帮这些小店打造出一个供应链体系。这个供应链体系的规模，可能未必比7-11小。

然后，阿里巴巴依靠其强大的数据能力，对店铺周边的人群画像。

在这家天猫小店附近的居民，过去有没有在淘宝、天猫上买过东西？多半买过。那么，阿里巴巴就可以根据这些消费数据来计算最适合在这家店销售的商品。这就是大数据选品。

其实，像7-11这样的连锁品牌也能够做到商品的本地优化，比如，在北方主卖面食，南方主卖大米。但天猫小店的大数据选品更加精准，它会根据每个店铺的店面大小、老板年龄、资金状况，以及方圆一公里内消费群体构成，结合淘系数据，计算出什么样的商品最适合这家超市和社区。

举个例子。阿里巴巴发现，某个天猫小店附近不少居民以前在网上买过狗粮，那这家店附近的居民多半养宠物，于是，该天猫小店就会推荐店主卖宠物粮、宠物用品，甚至具体到社区居民喜欢的品牌和规格。同理，如果小区居民中婴儿或小孩儿较多，就推荐店主卖奶粉、尿片以及儿童玩具等。

这一点是其他任何连锁便利店品牌都无法做到的事。

要知道，7-11是在有限的供应链体系里选品，而天猫小店则是在阿里巴巴的整个电商平台选品，SKU自然要多很多倍。7-11不了解这个小区的消费者过去几年都买了哪些东西、每天都购买什么商品，阿里巴巴的大数据却清楚明白，能够做到更精准的匹配。

基于多年积累的零售数据，阿里巴巴发现，每个消费人群在不同类目中会有清晰的品牌和品质指向。在仔细分析消费人群和消费商品后，不同于传统便利店加盟打造统一品牌，天猫小店可以做到真正意义上的“千店千面”。

便利店，大体量“流量收集器”

天猫小店还会让便利店真正回归到便利店的本质——你家的二级库存。

一级库存，就是你家。为了补足一级库存，你可以提前从几公里外的大型超市购买，也可以以较低的价格在网上购买，在家里备一些存货。

但是家里的面积毕竟有限，你不想在家里放太多东西。于是，在存货突然用完，需要急用、快速补充的时候，就去附近的便利店买。便利店就是你家的二级库存。

为什么阿里巴巴要进军社区，从互联网空降线下重新打一次零售战?

我们在上一节里讲到线下的即得性优势，社区小卖部的优势，就是它离消费者足够近，有机会对冲掉电商物流的劣势。因此，在互联网越来越发达的今天，一个特别重要的商业地盘就是社区，因为近意味着即得性，意味着巨大的流量来源。

无论你的小店开在什么地方，都会有一定的自然人流，小店就是一个流量收集器。据统计，全国共有660万家社区超市小店（传统的夫妻店）。阿里巴巴集团副总裁、零售通事业部总经理林小海曾道出天猫小店的体量和前景：

> 一家小店一个月有1 000个顾客，600万家小店，这个流量相当于6亿。而且这6亿流量接触的是老人、孩子，是电商接触不到的人群。

阿里巴巴当然不愿意放弃这么大体量的“流量收集器”。通过线上数据赋能，被阿里巴巴武装过的流量收集器——天猫小店，比7-11等连锁便利店更高效，它让小店每一平方米的销售额提高，货卖得快，周转率自然也高。据报道，位于成都的一家天猫小店，改造完成后，其销售额环比提高了45%。目前，天猫小店预计在阿里巴巴2018

财年之内（截至2018年3月底）将突破1万家。

互联网的数据为线下赋能，提高效率；而线下小店，为互联网带来新的流量，增加用户。所以，互联网从来不代表新零售，线下更不代表，只有用数据赋能、线上线下结合的零售，才是新零售。

第三章

坪效革命：从“人”的角度理解新零售

零售，就是连接“人”与“货”的“场”。讲完“场”中新技术推动的信息流、资金流、物流的万千新组合所带来的新零售机遇，我们再从“人”的角度，来找提高零售效率的机会。

人（即消费者）对零售意味着什么？一切商业活动的起点，是消费者获益，零售当然也不例外。人，对于零售来说，是起点。人（消费者）通过场（商场、超市、便利店、电商等），与货（商品）产生联系。每个活生生的消费者，来到商业中心，都是带着不同的背景、诉求、情绪和消费能力来的。尽管如此，我们还是可以用一套基本逻辑，来理解这看似不同的一切。

这套逻辑，就是“销售漏斗公式”。

第1节

销售漏斗公式

前面讲过，一切零售形态都可以用销售漏斗公式来表示。

销售额=流量×转化率×客单价×复购率

这个公式用的是电商的语言体系，和传统零售不完全一样。先来解释这几个概念。

流量，就是有多少人进店，线下称之为人流、客流。人流量大的店面，叫作旺铺。

转化率，就是进店的人，最终有多少买了东西。线下称之为成交率。

客单价，就是一个客人一次花了多少钱，买了多少东西。买得越多，价值越高。

复购率，就是这个客人走了，下次还来的可能性有多大。线下称之为回头客。

这几个概念，对互联网电商和线下零售都很重要。可是把它们相乘，是什么意思呢？

你可以把零售行为想象成一个漏斗，上面入口大，下面出口小。人（消费者）从漏斗的上方进入，与场（专卖店、淘宝店等零售业态）进行接触。消费者一旦接触了场，就被称为“流量”，即一个人流进了销售漏斗。

进店的人中，最终会买东西的，一定有一个比率。这时漏斗就收紧了，从潜在顾客到真实顾客，这一收紧的环节即“转化率”。

真实顾客中，也有买多买少的差别。漏斗再次收紧，这是“客单价”。买完后，一定有人再也不来了，回头客进一步减少，这是“复购率”。

通过“销售漏斗公式”示意图（见图3–1），可以有较为直观的感受。

显而易见，销售额=流量×转化率×客单价×复购率，这个公式右边乘出来的数字，当然越大越好。

不过，销售漏斗公式可以用来衡量销售额，却无法衡量“销售的效率”。

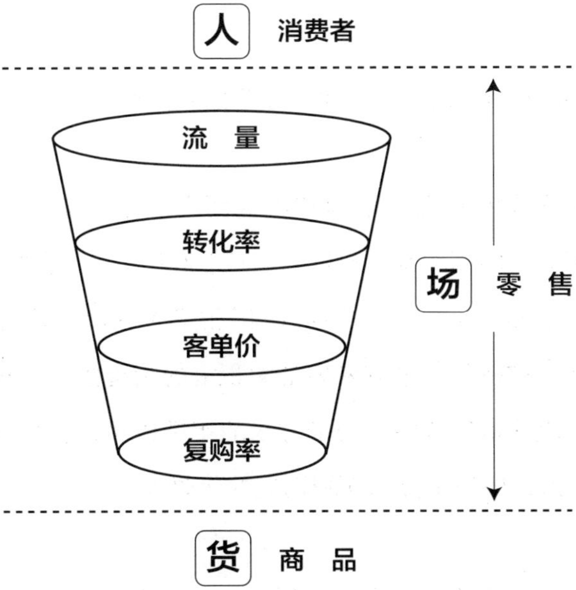

图 3-1

比如，1 000个人销售额1 000万元，和100个人销售额1 000万元，效率显然不同，相差10倍；1 000平方米店面销售额1 000万元，和100平方米店面销售额1 000万元，效率也显然不同，相差10倍。

如何衡量销售的效率呢？根据成本结构的不同，我们通常会用“人效”或者“坪效”来衡量。

互联网公司因成本结构和员工人数基本正相关，所以非常重视人效，即每个员工创造的年收入。互联网公司的销售漏斗公式就变为：

人效=（流量×转化率×客单价×复购率）/人数

线下零售的成本结构和店铺面积基本正相关。在线下，每家店的面积都不相同，有的200平方米，有的500平方米。这很重要，因为店铺面积在很大程度上决定了运营成本。均摊到每平方米店铺面积上的销售额，才真正体现一家店的销售能力。每平方米的年销售额，有个专业名称：坪效，即每平方米面积创造的年收入。

坪效=（流量×转化率×客单价×复购率）/店铺面积

在全球零售实体店中，苹果零售店的坪效最高。2017年7月，来自调研公司eMarketer和CoStar的报告称，苹果零售店平均每平方英尺可以为苹果带来5 546美元的销售额。

由于行业属性不一，坪效自然会相差很多。数据显示，在食品行业，主营酸奶冰激凌的Reis & Irvy's每平方英尺年销售额为3 970美元；加油站便利店Murphy USA为3 721美元；珠宝品牌蒂芙尼（Tiffany）为2 951美元；服饰零售商中排名靠前的是瑜伽户外品牌Lululemon Athletica，坪效为1 560美元。

1平方米约等于10.7639平方英尺，彼时，1美元大概相当于6.7362元人民币。这样计算，苹果门店的坪效差不多是40.21万元/平方米，Reis & Irvy’s是28.78万元/平方米，Murphy USA是26.98万元/平方米，蒂芙尼是21.39万元/平方米。这些是全球表现最好的零售实体店，大部分线下零售店的坪效远远小于它们。不过，从这些数据足以看出，坪效对线下零售的重要性。

从销售效率角度来看，在线下，经常会出现无论怎么努力，每平方米创造的年收入都提高不了，甚至无法抵消该平方米的租金的情况。这就是所谓的“坪效极限，不够租金底线”，说明当下的业态不该出现在这里。线下不同的地段，养不同的业态，层次分明。

比如，把小区门口的菜市场开到上海的恒隆广场试试？必死无疑。一个月赚的钱，不够一天的租金；把恒隆广场的蒂芙尼专卖店，开到小区门口呢？也必死无疑。一个月的客人，不如恒隆广场一天的多。在过去，菜市场就要开在小区门口，蒂芙尼就要开在恒隆广场。

可以说，坪效极限制约了传统线下零售的想象力。

在新科技（比如互联网、大数据、人工智能等）突飞猛进的今天，有没有办法利用创新技术提高坪效，甚至发动一场“坪效革命”，以突破传统的坪效极限呢？

用传统的方法，尽量接近坪效极限，这需要用户思维和产品思维；但要突破，甚至大大突破坪效极限，唯有依靠交易结构思维，用时代赋予的高效率工具才能做到。

怎么做？

既然销售漏斗公式是四个要素相乘，那就从这四个要素上分别想办法。

流量：一切与消费者的触点

任何一种零售都必须有与消费者的触点。没有触点，就构不成“场”，无法把人与货连接起来。这个触点，可能是用户走进专卖店的门；可能是磨刀摊贩在街上吆喝，被用户叫住；可能是用户访问了天猫店，打开了商品详情页；可能是微信公众号文章被看到，里面推荐的商品被知晓；可能是建立一个呼叫中心，打电话向用户推荐产品；可能是专门拜访客户，在其写字楼下，打电话说“我正好路过，上来看看你”等。

所有这些都是触点，也是销售漏斗被触发的地方。每一个从触点进入销售漏斗的人，都被称为流量。

所以，想要进入新零售，传统线下零售企业需要做的第一件事情，就是用“流量思维”取代“旺铺思维”，深刻理解所谓“旺铺”，只不过是某个特定历史阶段，由于某些特殊原因而形成的流量汇聚的地方。流量如水，来来去去。消费者去哪里，流量就到哪里；流量到哪里，我们就应该去哪里建立自己的场，架起自己的销售漏斗，让人流向自己的场，购买自己的货。

“旺铺思维”是坐在那里，等着消费者来；“流量思维”是用户在哪里，就跑到哪里去。

科技的进步创造了哪些过去不容易做到，如今却可以实现的新触点，让我们去收集新流量呢？网约车是其中之一。

2017年12月，车载便利店“魔急便”获得由金沙江创投领投的1 250万元天使轮融资。魔急便在滴滴网约车里建立了新零售的场，搭建自己的销售漏斗，收集流量。乘客上车后，通过扫描二维码，可以购买车座椅背和座位间盒子内的商品，包括饮料、食品、日用品和应急品等。

魔急便的模式，其实并非首创。2017年夏，美国创业公司Cargo就和美国的网约车Uber合作，推出了同样的模式。

讨论魔急便能否成功，为时尚早。但是，为什么这种显而易见的触点——流量来源，以前没有人利用呢？因为条件不具备。没有移动互联网之前，资金流的问题无法解决，通过用户、司机、出租车公司，再到零售企业，路径太长，无法管理。但是互联网带来的资金流的便捷性，让用户扫码就能付款，资金流效率提高，触点的商业价值大增。

利用互联网带来的资金流的便捷性，满世界找新流量的，不仅有魔急便，还有猩便利。

2017年6月，猩便利在上海成立，9月便完成1亿元的天使轮投资，11月又拿到3.8亿元的A1轮投资。几个月内拿这么多钱，做什么呢？

在办公室部署无人货架。

办公室，显然是一个流量密集的地方。过去，办公室白领想买点零食，要去楼下的便利店；如今，猩便利把无人货架和零食直接放到办公室里。

讨论猩便利的成功或失败，也为时尚早。但是，我们要理解它的商业逻辑——把触点伸到办公室，收集流量，引入自己的销售漏斗。之所以能这样做，也是拜互联网带来的资金流的便捷性所赐。

现在街上出现的那些自动售货机算不算收集流量的新触点呢？

卖可乐和巧克力的自动售货机，早就不是新鲜事物了，可能连“旧零售”都算不上。但是，最近街头出现了很多奇葩的“新物种”。

比如，自动煮咖啡的咖啡机。这个不奇葩？那自动榨橙汁的橙汁机呢？五个橙子榨一杯，还不奇葩？那自动现煮乌冬面的煮面机呢？这可不是泡方便面，是真的煮一碗面。

这些尝试，如雨后春笋，很可能大部分都不会成功，但它们都是探索“收集流量的新触点”道路上的排头兵。一旦被验证成功，某个传统的零售模式就会显得效率低下，从而陷入困境。

转化率：提高转化率，找对社群很重要

想尽办法，找了更多、更有效和更便宜的流量后，如何提高转化率？

传统线下零售对这一点的研究，其实不少：销售员的察言观色，对消费者心理的把握，店铺的装修风格，甚至颜色、声音、气味等。只是，他们不称其为“转化率”，而叫作“成交率”。就这一点而言，新零售未必一定比旧零售做得好，大家的基本理论是一致的。

如果说互联网赋予了我们不一样的新零售方法论，那

么“社群经济”可能是个重大的差别。

什么是社群经济?

从2016年9月开始，我和罗辑思维的罗振宇有一个合作，在得到App上推出《刘润·5分钟商学院》专栏。第一季（基础篇）已经结束，第二季（实战篇）正在进行中。

2016年4月，罗振宇邀请我在得到App上开专栏，我拒绝了。我是非常敬佩他的，过去四年的每一天，他都坚持录60秒音频。这件事看起来容易，做起来却非常难。一天不落地做一个星期没有什么问题，但四年里一天不落绝非易事。而且他有强迫症，每天都是60秒整，哪怕是59秒，都过不了他自己那一关。

当罗振宇问我，能不能在一个为期一年、收费199元的订阅专栏里，每天聊5分钟时，我觉得这件事太恐怖了，办不到。第一，我知道这背后的付出，绝对不是5分钟，而是难以想象的坚持；第二，难以想象的坚持，才收199元?这事没法干啊。

罗振宇花了几个月时间把我说服了。开设专栏后，我万万没有想到，一年结束时，在得到App上一共有14万份订阅。

14万份！这个专栏一年创造了将近2 800万元人民币的

收入。今天，第一季、第二季加在一起，早已超过20万份订阅。

做了这件事之后，有很多人跟我说：“你自己也搞一个呗，干吗要跟他合作，还要跟他分钱。”

如果我自己做一个类似的专栏，也能有14万份订阅吗？答案是不一定。《刘润·5分钟商学院》之所以能有14万份订阅，除了我的产品因素外，还因为罗辑思维多年来积累了1 000多万用户，而且这些用户有一点共性：求知好学。

在这一特性之下，如果卖面膜，真不一定卖得好，转化率可能只是平均水平。但是卖知识产品，转化率就会非常好。

这就是我们常说的社群经济。在互联网时代，一群有共同兴趣、认知、价值观的用户更容易抱团，形成群蜂效应，在一起互动、交流、协作、感染的过程中，对产品品牌本身产生反哺的价值关系。在一个巨大的社群里，销售与本社群共性精准匹配的产品，其转化率会前所未有地高。

客单价：更透析数据，更洞察用户

有了流量和转化率，如何让零售的价值进一步提高？

下一步努力的方向就是“客单价”。什么是客单价？就是一个消费者在一个商家一次能买多少东西。买得越多，客单价就越高。

提高客单价的传统方法，是“连带率”。

有一个关于“世界商店”的经典段子：某位先生的太太周末要出差，他去商店给太太买旅行箱。服务员对他说，周末太太不在家，你应该挺无聊的，要不要考虑去度假钓鱼？我们这里有鱼钩卖，大中小号都有。恰好他觉得周末没事干，服务员的建议不错，就买了鱼钩。服务员又介绍说，我们这里还有配套的鱼线。这位先生买完鱼线后，服务员又接着介绍说，我们这里还有橡皮艇，还有皮卡，你可以直接开着皮卡，带上全套装备，去你喜欢的地方垂钓。最终，这位先生因为他太太要出差这件事，从这家店里买了鱼钩、鱼线，甚至还买了钓鱼用的橡皮艇和皮卡。

这虽然是个段子，但其逻辑就是连带率。

互联网时代还要靠巧舌如簧来提高连带率吗？靠这样提高连带率，永远也“革”不了传统线下零售坪效极限的命吧？

今天，提高连带率有了一种新的工具：大数据。

在当当网上买书，准备下单时，页面上通常会显示网站的推荐：买了这本书的人，也买过那本书。这就是依靠大数据获得的连带率。现在天猫、淘宝以及京东也在利用大数据，向用户推荐他们感兴趣的信息和相关产品，试图通过个性化推荐的方式提高连带率。比如，我在淘宝买了一个修理路由器的小工具，这几天手机淘宝的首页推荐都是相关产品；如果买了一副跳绳，推荐的就是与跳绳相关的其他运动产品。

为了提高连带率，互联网公司不但用大数据，连人工智能都用上了。

2017年，阿里巴巴发布了人工智能设计师“鲁班”，它可以根据用户喜欢的商品，比如电动工具，自动设计与之相关的广告图片。在2017年双十一期间，鲁班系统累计自动制作了1.7亿张设计图，在以前这需要100位设计师不吃不喝连续工作300年。

有了大数据的精准推荐，加上人工智能的美观展示，消费者购物时的连带率当然会进一步提升。

此外，还有一些以销售轻奢、潮牌、设计师品牌为主的时尚穿搭电商平台，除了推出购物App之外，还开发了搭配师专门使用的App，进行服装搭配方案的设计。这些搭配师全部是专业设计人士或者时尚编辑、艺人造型指导师等，他们会定期提供不同的搭配方案。这些搭配策略吸引了不少女性甚至男性消费者，有的男性顾客的最高客单价达10万元。

举个例子，北京有家创业公司“零时尚”，在社区里开了不少女装店。我在《商业评论》杂志上写过这个案例，在《5分钟商学院·基础篇》中也讲过。这家公司做得不错，发展迅速，但也遇到了“流量天花板”，怎么办?

寻找新流量，提高转化率，增加客单价。

零时尚的目标流量，也就是社区里的女性消费者，她们到底分布在哪儿呢？除了服装店，她们还在美发店、便利店和美容院。那就和这些异业结成联盟，把它们的流量收集起来。于是，零时尚与美容院合作，创造了一种叫作“蝶衣Box”的商业模式。

这就是“寻找新流量”。

美容院的员工与顾客有充分的信任关系和大量的交流时间。经他们推荐，顾客在零时尚App上，完成详细的身体特征识别，就可以申请免费试穿一盒专门为她搭配的衣服。美容院的环境、员工与顾客之间的信任，增加了推荐的可能性。

这就是“提高转化率”。

几天后，顾客再去美容院时，一盒十几件衣服已经送到，里面还有这些衣服应该怎么搭配的介绍。顾客一件件试穿，照着镜子感受专业搭配带来的惊喜。专业就是专业，这么搭配好看，那么搭配也好看，于是，很多顾客会忍不住多买了几件。

这就是“增加客单价”。

这个模式受到美容院的极大欢迎，也给零时尚带来了非常可观的业绩。

提高客单价的方法，除了透析数据，更要洞察用户。

复购率：体现“忠诚度”

我儿子小米参加了一个在线英语培训。那家培训机构聘请美国的小学老师，给中国小学生做线上培训。这些老师发音特别准，还学过教育心理学方面的知识，由他们教中国孩子英语，我觉得特别好。于是，我陪着小米上了一节课。课上，我和小米都很认真。课后，小米特别高兴，我也特别高兴。

我忍不住把小米上的课，拍了一张照片分享到朋友圈。我的朋友圈好友特别多，而且大多是业界知名人士，还有不少企业家，我特意隐去了这家培训机构的名称。因为一旦指明是哪一家，就等于用我的个人信用为它做了背书。万一朋友们的体验不好，出了问题，说不定会怪我，觉得我的推荐不负责任。

分享之后，有很多朋友私信问我：你说的那个培训机构，叫什么名字啊？我也想让孩子去上课。我当时想，人家特意来询问，也不好意思说就不告诉你，于是我就说了名字。

过了一段时间，这些朋友又来了，他们问：你上次注册的时候，用的手机号和名字是什么？我说：这重要吗？他们说：重要，因为那家培训机构表示，如果有推荐人，他们会给推荐人再送10节课。

我一听，这是好事啊！于是，就把注册名字、手机号告诉了他们。然后，我的账户里多了10节课，又多了10节课。很快，一年的课都有了。

这时，我又忍不住再分享一次。

需要注意的是，第二次忍不住和第一次忍不住的动机不同。第一次忍不住，是因为信任和喜欢，是我对这家培训机构的认可；第二次忍不住，则有利益驱动。但不管是哪一种原因，我作为一位老用户，给它带去了很多新用户。

事实上，这家英语培训机构，如果想要获得我朋友圈里的这些用户，需要花钱做广告、地推、去地铁等人流密集的地方做宣传、拉人介绍等。但是由于它的产品足够好，因为我的分享而获得了新用户，而且是免费的新用户。

这就是“复购率”。自己不停地买，还介绍朋友买。

做生意谁都不想做一锤子买卖，无论是线上还是线下。那么，怎样才能让买过的用户一买再买，并介绍别人来买？这就是提高复购率需要研究的问题。因为用户只要每多买一次，第一次获客的成本就可以被多摊薄一次。提高复购率，挖掘客户终身价值，是新零售的终极大杀器。

除了利用互联网传播，极为方便地推荐朋友购买，提高复购率之外，新零售还带给我们其他的可能性了吗？

用会员制，让用户自己不停地买。

消费者成为会员，意味着在交易之外，双方建立可持续互动的关系。相较普通用户，会员无论在营收贡献、成本控制方面，还是在品牌认可、口碑传播方面，都比普通用户更具价值。

几年前，亚马逊开始力推它的会员计划：Amazon Prime。

相较普通用户，Amazon Prime会员在缴纳一定的会员费之后，就可以享受免运费、快速送达、免费试用、专项优惠、满减优惠、提前下单以及流媒体等各种特权服务。CIRP（美国消费者情报研究合作伙伴）调查报告显示，Prime会员平均每年会在Amazon花费1 300美元，而非会员只有700美元。会员的客单价、复购率，明显较高。

在国内，京东也推出了类似的“京东会员Plus”计划。最近，风头正盛的网易考拉也推出了“考拉黑卡”。这一切的背后，都是为了提高复购率。

再次回顾一下销售漏斗公式：

销售额=流量×转化率×客单价×复购率

一场坪效革命，离不开流量、转化率、客单价、复购率这四个关键要素。每一个单项的提高，甚至可能引发革命性的突破。

第2节

小米新零售，如何做到20倍坪效

为了完成此书，我特地与小米创始人雷军进行了一次访谈，试图深入理解小米的新零售。

雷军说，最近几年，他接受过的正式访谈不过三四次。因为他的商业模式相当复杂，不容易讲清楚，也难以写明白，于是拒绝了几乎所有的采访。

我曾在2015年，经官方授权对小米做了一两个月的深入调研和访谈，并由此写了一本畅销书《互联网+》，因而对小米有比较全面的了解。我说，让我试试。

雷军接受了我的采访：

> 我们对效率有极致要求，那就是让线下的小米之家和线上的小米商城，实现同款同价。
>
> 这就是小米的新零售。

说实话，当时我对线上线下同款同价的小米新零售是心存一点困惑的。小米之所以能在过去以不可思议的价格，提供高颜值、高品质、高性价比的商品，不就是因为它们只在互联网上做直销，所以成本比线下低得多吗？

今天要转身做线下，还要和线上同价，可能吗？如果用线下的成本结构，可以做到和线上同价，不就说明过去线上的价格还不够低吗？

小米到底能不能在线下商店，以线上的极低价格出售商品，同时还能赚钱？

这个问题其实就是，小米到底能不能通过效率手段，提高流量、转化率、客单价、复购率，突破传统线下零售的坪效极限，超越线下每平方米的高昂运营成本。

小米的坪效到底做得怎么样呢？

雷军很自豪地说，目前小米的（年）坪效已经做到了27万元/平方米，仅次于苹果专卖店的40万元/平方米，是其他手机专卖店的很多倍。在27万元/平方米的坪效下，就算按照8%的毛利率来计算，现存的242家小米之家，其毛利都足以覆盖运营成本。

极致的坪效只是结果，把流量、转化率、客单价、复购率做到极致，才是手段。雷军开始耐心地逐一解释他的战略和打法。

选址对标快时尚+低频变高频

提高流量，就是让进店的人流变多。雷军采取了两个办法。

选址对标快时尚

过去的小米之家，开在写字楼里面，一般只有粉丝才会去，人少，没流量。现在的小米之家，为了获得自然流量，会选在核心商圈，对标快时尚品牌。

关于这个问题，采访完雷军后，我又专门打电话给小米公司的总裁林斌，他做了更详尽的解释。他们发现小米的用户和优衣库、星巴克、无印良品的用户高度重合。把店开在地铁站，人流量虽然很大，但是大家不进店；把店开在重奢的商场，大家购买的心态和频次都很低。所以，小米确定了和优衣库、星巴克、无印良品对标开店的选址策略。

小米之家的负责人张剑慧说，目前小米之家的选址，主要是一二线城市核心商圈的购物中心，优先和知名地产商合作，比如万达、华润和中粮等。对于入驻的购物中心，小米还要考察其年收入。小米之家在入驻商圈之前，一定会统计客流，计算单位时间内的人流量。

逐渐地，小米形成了自己的选址逻辑，并通过这样的方式获得了基础的目标流量。

低频变高频

懂零售的同学可能会立刻反问：对标快时尚品牌的选址逻辑？快时尚品牌之所以敢选那么贵的地方开店，是因为它们是高频消费产品。而手机是低频消费产品，一两年才买一次。消费频次这么低，却选在这么贵的地方，那不是找死吗？

雷军说，这就是小米新零售的关键打法“低频变高频”起作用的地方。

什么是低频变高频？比如58同城这个网站，求职、租房，一年有一次就不错了，都是低频生意，但是把100个低频分类信息加在一起，就变成了高频。

小米也一样。在过去几年中，小米投资了不少生态链企业，有充电宝、手环、耳机、平衡车、电饭煲、自行车……多种多样。小米之家现在有20~30个品类，200~300种商品，如果所有品类一年更换一次，就相当于用户每半个月就会进店来买一些东西。虽然手机、充电宝、手环等商品是低频消费品，但是将所有低频加在一起，就变成了高频。

我问林斌对这个问题的看法时，他说这一点太重要了。自从小米快速扩张小米之家后，有些手机厂商也选择对标小米之家，用快时尚选址的逻辑，甚至就在小米之家对面开店。林斌一开始还有点担心，但后来发现很多用户进他们的店逛了一圈，什么也没买就出来了。只有几款手机这样的低频消费产品，消费者逛一圈，确实没什么可买的。

但是，在小米之家，这次买了手机，过段时间买个手环，下次再换个蓝牙音响，这样一来，就把一年来买一次手机的低频，变成了每半个月来一次的高频；把进店没东西可买的低效流量，变成了进店总能买几样东西的高效流量，从而解决了流量问题。

爆品战略+大数据选品

转化率，就是进店后有多少人真的会买东西。雷军说，小米通过两种方法来提高小米之家的转化率。

爆品战略

小米一直有个极致单品的逻辑，叫“爆品战略”。虽然看起来有很多产品，但是每一个品类小米都只有几款产品。比如箱子就两三款，雨伞只有一款。其他的公司，可能会做几百款。

爆品战略带来两个好处。

首先，可以在单件产品上倾注更多的心血，因此设计感、品质都有机会做得更好。一件设计感更好的商品，本身就能带来更多转化率。我们称之为“静销力”，静静地放在那儿，你就忍不住要买。

其次，爆品带来的巨大销量，又必然会带来供应链成本的降低，导致价格尽可能地便宜。一件品质很好又便宜的商品，当然能带来更巨大的转化率。

因为爆品战略，这些过去在网上被10%的电商用户享受的优质低价商品，现在摆在90%的线下用户面前。很多进店用户都拿着购物篮装满为止，根本不看价钱。

大数据选品

线下的面积有限，所以卖什么要看什么东西好卖。但什么东西好卖呢？因为已经做了几年电商，小米可以根据之前积累的互联网数据来选品。

比如，小米之家可以优先选择线上被验证过的畅销产品，比如小米6手机、手环、电饭煲等。如果是新品，则根据口碑和评论来观察，比如看一下前一周线上的评论，不好的不上。

此外，根据大数据来安排不同地域小米之家门店的选品，并且统一调度。比如，这款电饭煲在线上卖的时候，河南的买家特别多，那么河南的小米之家在铺货时，电饭煲一定会上。

另外，这里不好卖的东西，可以在那里卖；线下不好卖的东西，可以在线上卖；甚至反过来，线上不好卖的东西，在线下卖。比如平衡车，很多人没有接触过平衡车，光靠在网上看照片，是比较难下决心买的。但是把平衡车放在线下，用户可以摸一摸、试一试，发现这东西挺有趣的，反而更有可能购买。这就是利用了线下的体验性优势，真正实现了线上和线下打通。

通过大数据精准选品，卖畅销品，卖当地最好卖的货，大大提高了用户的转化率。

提高连带率+增加体验感

提高客单价，就是如何让用户单次购买更多的东西。雷军说，这要靠提高连带率和增加体验感。

提高连带率

连带率，就是买了一样东西，顺便多买几样其他的。

用户进店一看，虽然有几百种商品，但都是白色、圆角，风格极其一致，颜值非常高，感觉它们就是一家工厂生产的。

你买一个小米监控摄像头，觉得很好；再买一个小米路由器，监控数据可以30天循环保存在路由器的硬盘上；再买台小米电视，打开家里的电视，就可以监控办公室的情况；如果你还有个小米手机，旅行中拍的照片，家人在小米电视上就能实时看到等。它们之间技术上的关联性、协同性，甚至仅仅是外观上的一致性，都会提高连带率，让用户忍不住多买。

增加体验感

很多人以前听过小米，但并没真的见过小米的产品，更不知道小米产品有这么丰富。现在这些产品都放在面前，可以好好体验一番。

小米之家非常强调体验性，优良的动线设计，可以慢慢体验，在店里打王者荣耀也没有关系。因为很多手机商店只卖低频消费手机，所以必须强行推销。但是小米通过“低频变高频”，无须推销，甚至规定店员不经允许不能去打扰客户。为什么？因为这样用户才能充分感受产品、感叹价格。

同一款手机，在线上中低配版卖得更多，而线下则高配版卖得更多。为什么？因为在线上缺乏体验性，用户只能比较参数；但在线下，用户可以细细体验外观、手感、性能的差异，买高配的人变多，进一步提高了客单价。

小米之家甚至设置了“电视大师”和“笔记本电脑大师”这样的工作人员，专门回答用户体验后的问题。电视、笔记本电脑这些高单价产品，在线上购买时难下决心，但因为用户体验，在线下卖得更好。

小米也在研究如何进一步提升小米之家的品牌形象和用户体验，不排除在未来会推出全新形态的小米之家旗舰店。

强化品牌认知+打通全渠道

怎样才能让买过的用户一买再买，买得越多越来买？这就是复购率研究的问题。提升复购率，挖掘客户终身价值，是新零售的撒手锏。

怎么做呢？小米之家其实还肩负着两个重要的使命。

强化品牌认知

小米发现，线下更广大的这部分用户和线上的小米用户，重叠度很低。于是，小米之家的一个重任，就是让更多过去不知道、不了解小米的消费者认识小米，在他们心中植入小米的品牌。一旦买过、用过、喜欢上之后，这些用户未来购买电子产品或者智能家居商品时，就可能首先想到小米。

林斌举了一个例子。有一次他在一家小米之家站店，来了几位老太太。她们发现小米的东西真好真便宜，买完就走了。不久，拉来几位老太太，又拉来几位老太太，就这样一位拉一位。这些老太太以前可能并不知道小米，因为让她们在网上购物太难了。但有了小米之家，现在这部分用户也开始认识小米产品，甚至喜欢小米品牌。

从这个角度看，小米之家线下店的一部分成本，在财务上甚至可以记入小米品牌的建设费用。如果把提高品牌认知当成收益，把费用补贴给小米之家的话，其利润会更高。

打通全渠道

小米把零售全渠道从上到下分为三层，分别是米家有品、小米商城和小米之家。其中米家有品和小米商城是线上电商，拥有更多的商品。米家有品有20 000种商品，是众筹和筛选爆品的平台；小米商城有2 000种商品，主要是小米自身和小米生态链的产品；线下的小米之家有200种商品。在这个梯度的全渠道中，小米之家还有一个重要的工作，就是从线下往线上引流，向用户介绍更广泛的小米系列产品。

顾客在小米之家购买商品时，店员会引导他在手机上安装小米商城App，如果顾客喜欢小米的产品，下次购买就可以通过手机完成。第二次在小米商城的购买，可以在更全的品类中选择，并且没有线下的租金成本。

通过打通线上线下，爆品在店内立刻就能拿到，用户享受了体验性和即得性；如果是店内没有的商品，用户可以扫码，在网上购买。每个到店一次的用户，就会成为小米的会员，有机会成为小米真正的粉丝，这将产生惊人的复购率。

第3节

盒马鲜生，被线下门店武装的生鲜电商

在生鲜零售领域，也有一匹坪效黑马——盒马鲜生。华泰证券研究报告显示，盒马鲜生上海金桥店2016年全年营业额约2.5亿元，坪效约每平方米5.6万元，远高于同业平均水平（1.5万元），大约是同业的3.7倍。盒马鲜生是怎么做到的？

2018年1月，我带领领教工坊的私人董事会企业家小组和《刘润・5分钟商学院》的学员，拜访了盒马鲜生总部，并有幸得到盒马鲜生创始人、阿里巴巴集团副总裁侯毅的亲自接待。

侯毅的背景很有意思。首先，他有计算机背景。20世纪90年代初，计算机专业本科毕业。其次，他有创业背景。毕业后侯毅开始创业，在多个领域从事过经营。再次，他有传统零售背景。1999年，他加入了当时还隶属于光明乳业的可的便利店，一干就是10年，见证了可的从20家到2 000家门店的蜕变。最后，他还有互联网背景。2009年，再次拿到融资的刘强东一直在寻找"零售+物流"方面的人才，最终侯毅入了他的眼。加入京东后，侯毅先后担任京东物流的首席物流规划师和O2O（online to offline，从线上到线下）事业部总裁。

传统零售+互联网+计算机+创业，侯毅如此丰富的经历，简直就是为新零售定制的。

根据市场调研机构尼尔森的报告，中国生鲜电商市场规模2018年有望超过1 500亿元，年均复合增长率达到50%。但是，另一组数据显示，2014年，在全国4 000多家生鲜电商中，实现盈利的只有1%，基本持平的有4%，88%略亏，剩下7%则处于巨亏状态。

前面很多案例，都是传统线下零售不如互联网；而生鲜这个领域，互联网却不如线下。

为什么？侯毅总结为：高损耗、非标准、高冷链物流配送成本、品类不全，无法满足消费者对生鲜的即时性需求。

怎么办？侯毅决定从京东辞职，用新零售的方式，啃下这"最后一块硬骨头"。

想成大事，必须要顶层设计

2015年，离开京东的侯毅，在上海与阿里巴巴集团CEO张勇见面。

作为一名资深吃货、有着20年物流经验的程序员，又有一次次创业的经验，侯毅坚信，生鲜品类的突破要从线下实体店作为切入点，因为超市卖场已经证明这个商业模式的可行性，通过数据将线上和线下打通，最终解决生鲜电商的行业痛点。

侯毅的想法很有前瞻性，如果模式成立，将会给行业带来巨大改变。张勇当即决定支持他，但提出四点刚性要求：

> 第一，如果线下生鲜店最终搞成了传统超市，那就算比传统超市挣钱，也不干。如果真要搞，线上的收入必须大于线下。
>
> 第二，线上的每日订单一定要超过5 000单，这样才真正是一门有规模效应的生意。
>
> 第三，在冷链物流做到低成本可控的前提下，实现门店3公里半径内30分钟完成配送。
>
> 第四，最终要做到线下往线上引流，App不需要其他流量支持，能够独立生存。

这四点要求其实就是“顶层设计”。张勇对侯毅说，如果运营一段时间做不到，盒马鲜生就要关掉，没有存在的意义；如果能做到，就可以将其作为一种成功的商业模式复制。

虽然很多生鲜超市外观差不多，但在不同的企业家心中，店的本质有很大区别。这四个要求，定义了盒马鲜生线下店的本质，其实是获得流量的方式，用户最终的留存是在网上，复购率也是在网上。

传统生鲜超市的交易结构是：

坪效=线下收入/店铺面积

而盒马鲜生呢？张勇提出的四点要求，就是把盒马鲜生定义为“被线下门店武装的生鲜电商”，强调了电商的主体性，其交易结构是：

坪效=（线上收入+线下收入）/店铺面积

在这个交易结构下，如果线上收入真能大于线下，它的坪效就有机会做到传统超市的2倍，甚至更高，从而突破传统生鲜超市的坪效极限。

这就是顶层设计。

盒马鲜生一夜爆红后，很多传统生鲜超市前去学习，感触颇深：他们真会“理解用户”，牛奶只卖当天的，我们要学习；他们真会“打磨产品”，食材都是产地直供的，我们要学习。这些纷纷开始学习盒马鲜生的传统超市，经过不懈努力，终于在几个月后……倒闭了。

为什么学“先进”，学着学着就成了“先烈”呢？

因为他们学了盒马鲜生看得到的用户思维、产品思维，却没学它看不到的顶层设计。这个顶层设计在第一天就定义了盒马鲜生是什么、交易结构是什么、商业模式是什么。

顶层设计对商业模式非常重要。

埃隆·马斯克，作为SpaceX的创始人，在做火箭发射前定了两个目标：

> 第一，火箭一定要能回收，并且能重复使用；
>
> 第二，必须把每次火箭发射成本降到原来的1/10。

如何完成这两个目标，马斯克起初并不知道。但他知道，只有达成这两个目标，才能成为有经济效益的商业模式。

盒马鲜生也是一样，侯毅和张勇先定了四个目标，然后再去想怎么组团队，用什么样的方法去实现。至于后来的那些具体做法，比如在超市里开餐厅，只能用App买单，在头顶安装传送带实现30分钟送货等，都是这个顶层设计下的具体做法。然而，这些做法真的有用吗？真能突破坪效极限吗？

现买现吃，打造极致体验

为了突破传统生鲜超市的坪效极限，侯毅和张勇在顶层设计里，规定了必须有一部分比线下还要高的、来自线上的收入，确定电商的主体性，而且线下要向线上导流。

具体怎么做？

从电商平台买海鲜，一个很大的痛点就是怕不新鲜。生鲜和可乐、薯片不同，它不是标准品。比如苹果，下一星期雨后去采摘，一定不甜；向阳的那一面比背阳的那一面更红；有的苹果大，有的苹果小。很难保证用户每次体验到生鲜产品时，感受都是一样的。

在传统生鲜超市，用户至少可以挑。但是，在网上购买，送来什么完全不知道。消费者对在网上买生鲜，缺乏一份信任感。

为此，盒马鲜生规定，完全无条件、无理由退货。只有这样，才能把“不确定性”的风险，从消费者手里转移到自己手上，建立信任感。

但这样还不够。如果能试吃，就更好了。

于是，盒马鲜生做了一个大胆的尝试，在超市内部设立大面积的活鲜展区、特色的水产加工区——海鲜吧，以及餐饮体验区。在活鲜展区买了海鲜后，用户可以选择直接在海鲜吧加工，按照价目表支付一定的加工费后，就可以在餐饮体验区品尝到美味的海鲜。

这就相当于在超市里做餐饮。

在超市里做餐饮，是侯毅的想法。在他看来，少了餐饮就很难做到极致的体验。他带领团队前往台湾参观上引水产，发现对方主要以餐饮为主，而且食客80%来自大陆。这坚定了侯毅做海鲜的想法，同时餐饮的整体思路也基本形成。

我曾经和同事们专门去盒马鲜生试吃过一次，确实非常好吃。对于海鲜类产品，新鲜是最重要的。只要能保证新鲜，就算不是星级大厨，也能做出美味海鲜。

盒马鲜生鼓励大家现场试吃，是为了多赚每斤十几元钱的加工费吗？当然不是，现买现吃的目的，是为了让用户对盒马鲜生的品牌和它的生鲜产品产生极大的信任和好感。用户吃完之后感觉“真好，真不错”时，顾虑打消了，盒马鲜生的目的就达到了。

把线下的体验做到极致，是为从线下往线上导流做准备。

为什么必须用App才能买单

很多人都知道，在盒马鲜生买东西，不收现金、不刷银行卡，甚至不能直接用支付宝买单（当然，更不能用微信支付了），只有一种付款方式，就是用盒马鲜生App买单。

在日均人流量3万人次的金桥国际广场，盒马鲜生金桥店开业首日的销售额并不亮眼，5 300人进店仅带来十几万元销售额。为什么？因为“啊？你们居然不收现金！”

不收现金这件事，一度让盒马鲜生站在风口浪尖。有些上海大妈因为不能付现金，在最后收银的一刻扭头走人。还有人向媒体投诉：这里有家店，在中国经营，但是不收人民币。记者暗访后，真的报道出来，掀起不小风波。

盒马鲜生并不是不收人民币。App背后是支付宝，支付宝背后还是人民币。刷信用卡，也没收人民币啊！这件事最后平息了，但是，为什么盒马鲜生甘愿冒风险，也坚持一定要通过App结账？

这又要回到盒马鲜生的顶层设计。

在侯毅看来，不收现金是底线，因为这决定了盒马鲜生的四个目标之一“把用户从线下往线上引流”，能否行得通。只有这样，才能促使那些在盒马鲜生实体店购买过商品的用户，在离开实体店这个消费场景后，仍有机会继续逛线上的盒马鲜生。

因此，在开业初期，盒马鲜生宁愿损失一定的销售额，也坚持“你不装App，我就不卖给你”。

侯毅说，后来那些老太太们又回来了。因为盒马鲜生体验好，值得信任，而且并不贵。她们在家让孩子给装好了盒马鲜生App，又回来买了。

让消费者养成用App付费的习惯，确实有点难。起初，盒马鲜生要在门店的收银处立一块大牌子，详细说明安装步骤，但是随着盒马鲜生持续、稳定地按照顶层设计提供消费者所需的商品和服务，慢慢地，习惯就养成了。

要知道，这一目的若能达成，将会带来一场真正意义上的坪效革命。如果线上销售额能与线下相同，就意味着盒马鲜生单店的总体收入可以翻倍。回到坪效公式，总体收入翻倍，身为分母的面积不变，那么单店的坪效也就随之翻番，利润也随之增加。

如果线上销售额能进一步增加，线上和线下的比例能做到2：1，那么，同样的店租所产生的收入，将会是原来的三倍，这就是只能用盒马鲜生App付款的最终目的。

据侯毅透露，盒马鲜生用户的黏性和线上转化率相当惊人，营业半年以上的成熟店铺线上订单占比已超50%，而盒马鲜生在上海的第一家实体店，线上占比甚至已达70%，即线上是线下的2倍以上。

30分钟物流打造“盒区房”

有了极好的现场体验性和线下往线上导流的App，盒马鲜生下一步要解决的痛点就是物流速度。

自从第一次去盒马鲜生体验之后，我太太就成了回头客。我们家几乎每天都会在盒马鲜生App下单，购买当天的晚餐食材。为什么呢？因为确实方便，生活品质有了很大的提高。30分钟配送，这对很多不经常做饭的人来说，是个不错的选择。

比如下午四点多，你还在上班，晚上特别想在家里吃一顿饭。可是家里没吃的了，怎么办？下班后再去菜市场？一来菜很可能不新鲜，二来距离可能很远，而你又不能翘班去买菜。这时，如果你用盒马鲜生App下单，你的办公室或者你家在它某家门店3公里的配送范围内，那么30分钟后，新鲜的食材就可以送到你手上。

30分钟这个时间点很重要。为什么不是1小时或者2小时？在阿里巴巴CEO张勇看来，30分钟快递到家是一种极致的服务体验。只有把用户体验放在第一位，把消费心智做出来，才能形成消费黏性。

3公里30分钟，这两个数字背后，经过了严格的测算。侯毅说，30分钟是一个人生活中随机时间的极限，因为人们对30分钟以后的时间都有相应的规划，消费者下单后，多数希望在30分钟内拿到货。所以30分钟内送到家是最佳选择。

设置3公里的范围限制，除了时间方面的考虑外，还有成本控制方面的考量。生鲜电商难就难在需要构建冷链物流配送体系，如果没有，商品的损耗会很高，一旦采用，成本又会上升。而3公里的范围，可以用常温配送替代冷链物流配送，大大降低了物流成本。

3公里30分钟的快递速度是如何实现的？

盒马鲜生的官方回答是：

> 综合运用了大数据、移动互联网、智能物联网、自动化等技术及先进设备，实现人、货、场三者之间的最优匹配。从供应链、仓储到配送，盒马鲜生都有自己完

整的物流体系，大大提升了物流效率。

我来“翻译”一下，这30分钟是怎么计算出来的。

当用户在App下单的一瞬间，订单就到了盒马鲜生的数据库里，卖场立刻就有拣货员行动起来。盒马鲜生准备了很多保温袋，每个保温袋上都有二维码，这是配送专用袋。拣货员会用一个电子扫描设备扫描袋子的编码，然后迅速开始拣货，扫描设备上就是顾客刚刚下的订单。每个工作人员只负责固定区域商品的取货工作，这样就不用跑动太长的距离，提高了工作效率。

盒马鲜生货架上的标签，全部采用黑白液晶屏显示的电子标签，价格会根据后台的控制自动刷新，使商品实现线上线下同价。

商品拣选完后，拣货员会把保温袋挂在一个挂钩上，挂钩连着一套布置在整个店面顶部的链条传送系统，这个系统会将选好的商品传送至负责仓储和物流配送的后仓，在那里整合打包，这个过程会在3分钟内完成。最后，门外的快递小哥扫描一下货箱后，就可以去送货了。后台还为快递小哥计算好了送货的路线和送货地点的先后顺序，这种基于先进算法的技术，大大提高了物流的效率。

从用户下单，到把商品装车，只允许花10分钟。

怎么做到的？还记得前面提到侯毅有计算机背景吗？

用IT（信息技术）系统来提高效率，这时候就显得极其重要。

快递小哥花20分钟，把生鲜送到用户家。

30分钟配送有一个限定范围，就是盒马鲜生门店的3公里半径内，也就是大约28平方公里。因为盒马鲜生的火爆，有些房产中介公司专门提出了“盒区房”概念——即盒马鲜生门店3公里范围内的房子，业务员在给客户介绍时说，这个房子不仅是“学区房”，还是“盒区房”，所以价格会贵一点。

据媒体报道，盒马鲜生创造了一个“3公里新生活社区”。盒马鲜生每开一店，都会受到周边居民追捧。家住上海太原路建国西路一带的李女士，不在盒马鲜生3公里配送范围，于是，她坚持让保姆每天走两个路口去接盒马鲜生的配送员。后来，她干脆将家搬到盒马鲜生配送区内。

盒马鲜生在30分钟这件事上下狠功夫，主要取决于以下两点：

第一，盒马鲜生的最终目的是让用户在线上买东西，不去门店也会在线上下单。只有顾客在网上下单才能提高复购率，才有可能真正突破传统生鲜门店，实现真正的坪效革命。

第二，基于这一目的，盒马鲜生的核心价值就是往线上导流。线下实体店的坪效是有极限的，它所做的一切——只用App收钱、产品的日日鲜模式、极致的体验感、30分钟物流，都是为了往线上导流，这样才可以重新定义一家生鲜门店。

30分钟物流就是为了让线上用户不会觉得在网上买东西不方便，甚至会觉得比去门店更方便。

坪效革命，来自完全不同的交易结构

在超市里开餐厅、只能用App买单、在头顶上安装传送带实现30分钟送货，这三件事背后只有一个逻辑：通过重新定义实体店，把盒马鲜生设计为“被线下门店武装的生鲜电商”。

事实上，这很难做到。“30分钟物流”与“店仓结合”的物流体系看似简单，其实需要强大的IT系统来支持，其中还包括常温物流、冷链物流、中央厨房、鲜活海鲜的物流配送中心和暂养池等。据说，为了建设这一套物流体系，盒马鲜生花了1亿元人民币。但当这些核心能力建设起来以后，它的竞争力会远远超过一般企业。

在超市内部提供现买现吃的消费体验并不是一件容易

的事，因为超市和餐厅需要两个不同的营业执照，想把这两件事放在一起做，需要通过两个监管部门的许可。为了搞定这件事，侯毅想尽办法才说服上海市政府将盒马鲜生作为互联网创新项目，给了特批。就连App付款结算，在最开始也面临很大的舆论压力。

盒马鲜生做的这些事，都源于侯毅在一开始就想好了如何重新定义这家店，想好了它的顶层设计。最终，盒马鲜生实现了线上比线下多得多的销量。这也是他想用互联网的方式解决生鲜问题的关键。

商业模式的可行性一旦被验证后，盒马鲜生复制的速度便开始加快。

截至2017年12月31日，盒马鲜生全国的门店数量达到25家，成都、深圳、北京、西安等地更多的门店正在开设。在线上，盒马鲜生已经实现用户数字化、商品数字化、流程和管理数字化，大幅度提高零售的效率、门店及物流的营运效率。其主要消费者画像也逐渐清晰，线上是年轻人，25岁以上的已婚女性，白领；线下的老年人更多一些。

百事可乐全球董事会主席卢英德、可口可乐全球CEO詹姆斯·昆西、星巴克董事长霍华德·舒尔茨等诸多国际一线品牌负责人先后到盒马鲜生参观。据说，亚马逊创始人贝佐斯曾专程去盒马鲜生上海金桥店参观，回到美国后，于2017年6月，以137亿美元的高价收购了美国著名的全食超市（Whole Foods），这是迄今为止亚马逊进行的最大一笔并购交易。与盒马鲜生类似，一直以来，全食超市在美国提供最好的天然有机食品，并倡导中产阶层的健康生活理念。盒马鲜生让贝佐斯看到，线下确实有其巨大优势，通过线上和线下结合产生的综合反应，能够有机会实现坪效革命。

小米、盒马鲜生只是新零售大潮中的两个先行者。请记住：

坪效=（流量×转化率×客单价×复购率）/店铺面积

然后不断思考，如何利用互联网、大数据、社交网络、人工智能，不断优化每一个变量，接近甚至突破坪效极限，引发坪效革命。

第四章

短路经济：环节越短，效率越高

新零售，就是更高效率的零售。整本书其实都是在谈效率。

第二章“数据赋能”，我们讨论了“场”如何利用数据，重组信息流、资金流、物流，获得更高效率的交易结构，让消费者更省钱，让企业更赚钱。

第三章“坪效革命”，我们讨论了“人”。消费者一旦从零售的触点进入销售漏斗，企业如何利用新科技，提升流量、转化率、客单价、复购率的效率，提升从潜在客户到终身忠诚客户的转化效率。

讨论完“场”和“人”之后，这一章，我们从“货”的角度，理解新零售。

第1节

商品供应链：人与货不必在商场相见

零售，是整个商品供应链的最后一站。一件商品从设计、生产到消费市场的整个链条，可以将其归纳为D-M-S-B-b-C。

企业从D（设计）开始构思产品，经过M（制造），经过S（供应链），经过B、b（大小商家），终于与C（消费者）见面。通过图4-1可以有较为直观的了解。

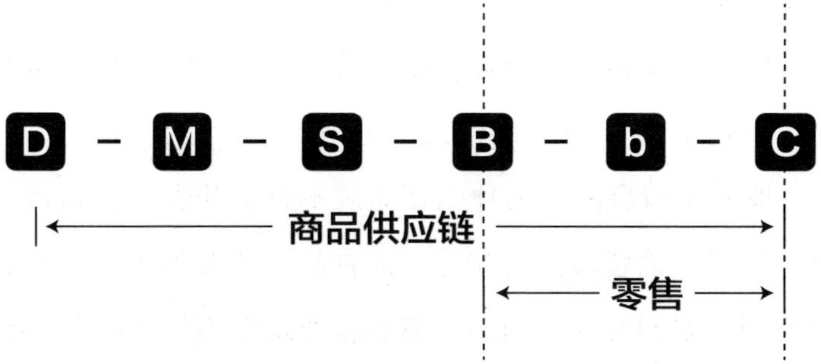

图 4-1

在这个完整的链条中，可以组合多种商业模式：消费者在地摊的小商贩那儿买东西，可以称为b2C；消费者去超市买东西，就是B2C；超市找经销商进货，是B2B；超市出租柜台给经销商卖东西，则是B2B2C。但是，不论哪一种模式，不管链条有多长，作为消费者，都只能通过零售的“场”，从B或者b手上买东西。

然而，消费者为什么一定要在商场或者电商那儿与产品见面呢？也就是说，为什么消费者必须依靠所谓的零售场景，在指定时间、指定地点“约见”商品呢？

如果你家旁边正好有一家食品厂，周末可以去逛一下，说不定正好能遇到员工内部的销售活动。你一看，天啊！一盒在商场卖100元的饼干，这里只卖20元。你忍不住冒充员工买了几盒。也就是说，你直接从工厂（M），而不是商家（B、b）那儿买到了饼干。如果一定要给这种模式起个名字的话，可以叫它M2C。

你觉得赚到了，但是食品厂就亏了吗？它不亏，因为平常卖给供应链（S）的价钱就是20元。

既然是双赢的，为什么食品厂不直接开店，卖30元一盒？这样，消费者能省70元，而食品厂还多赚10元，不是更好吗？要回答这个问题，我们就要理解零售这两个字的本义。

零售的英文是“retail”。中文和英文，正好侧重这个商业形态的两个特征：中文“零售”中的“零”，强调“少量”；英文“retail”中的“tail”（尾巴），强调“末端”，直接面对消费者。在一些地区，只有80%的商品是直接卖给消费者的B，才允许叫作“retailer”（零售商）。

所以，零售就是把少量的商品卖给末端的消费者。

零售这个词，是相对于wholesale（批发）而存在的。批发，就是把大量的商品卖给中间零售商。

现在，我们来分析一下，为什么食品厂不直接开店？食品厂把饼干批发给零售商，花1小时和零售商沟通，结果卖了1 000盒，每盒赚10元，一共赚10 000元；但食品厂如果把饼干零售给消费者，就算只花了0.1小时沟通，但最后消费者只买了2盒，每盒赚20元，一共才赚40元。这么算下来，同样的1小时，最多赚400元。

食品厂1小时的时间成本是1 000元，批发虽然价低，但能赚10 000元；零售虽然价高，但只能赚400元，远远入不敷出。而且消费者可能还会退货、换货、打电话咨询这东西怎么吃……售后比较麻烦。

所以，为什么很多厂家（M）不愿意和消费者（C）打交道，直接用M2C模式把商品卖出去？就是因为消费者买得太少，而且太麻烦。所以，厂家选择省事的薄利多销，而零售商选择麻烦的高利少销，赚取其应得的批零差价。

各就各位，各司其职。怎么样，听上去很合理吧？但是，这样的商品供应链也带来一个严重的问题，那就是定倍率很高。

定倍率

什么是定倍率？定倍率就是商品的零售价除以成本价得到的倍数。100元成本的东西卖500元，那它的定倍率就是5。定倍率是商业世界最基础的逻辑之一，是衡量商业效率的重要指标。定倍率越低，效率越高。

定倍率是从服装业借过来的一个概念。服装业定价的模型是将商品的制造成本直接乘以一个倍数，比如乘以5或者乘以10，得出的数字就是这个商品的建议零售价。服装行业的定倍率大概是5~10。

可是，为什么成本100元的东西，要卖到500元？这中间的400元差价有必要吗？

有必要。有人帮你去全世界选货，节省你到处跑的成本，要不要花钱？挑完商品，运到你所在的城市，要不要花钱？运到了你的城市，还需要全国总代理、省代理、市代理以及零售商这一系列层级的渠道代理商，才能把商品放在店铺里摆得整整齐齐，供你挑选，要不要花钱？如果你自己做一遍，估计花费远不止400元。这400元，是为促成这笔交易，必须支出的费用。如果说那100元是制造成本，这400元就是交易成本。

站在消费者的角度来讲，交易成本就是如何找到商品的成本；站在企业的角度，则是商品怎么找到消费者，彼此发现的成本。

消费者一共付了500元，那么，零售业是从100元的制造成本里分钱，还是从400元的交易成本里分钱呢？当然是交易成本。所以，零售业的从业者一定要有一个不偏不倚的自我认知：

> 我是消费者的交易成本。

交易成本是必要的，但是那么高，就不一定必要了。

我特别喜欢穿某品牌的皮鞋，它的鞋子在市面上一双要卖1 500元。但我有个亲戚是这个品牌的江苏省总代理，在他那里我只要花250元，就能买到商场里卖1 500元的鞋子。而我的亲戚从厂家那里进货只要150元，这双鞋子的定倍率就是10。

定倍率为10，算不算高呢？还不算是最高的。化妆品、首饰、眼镜等很多商品的定倍率远高于10。例如，某品牌香水的市场价是780元，它的原材料成本价是15.6元，其定倍率为50。

以前，很多人不知道定倍率这个概念，第一次听说后义愤填膺，觉得化妆品厂家太黑了。为什么化妆品的定倍率这么高？因为化妆品属于低频消费，放在商场里，可能很长时间卖不出去多少，但零售商要付出同样的租金、员工工资等。此外，化妆品需要通过大规模的广告推广，才能建立起人们对品牌的认知度和信任度，这部分信任成本也包含在交易成本内。与化妆品类似，家具也属于低频消费品，其定倍率同样很高。

因为不同商品的特征导致中间付出的努力程度不同，不同商品的定倍率也各不相同。在基本技术稳定的情况下，各个行业会慢慢磨合出一种稳定的交易成本。今天，中国各行业的平均定倍率大概是4，高于世界平均水平。在互联网冲击之下，国内很多零售从业者遭遇灭顶之灾，大多是因为这些企业的效率太低。美国互联网比中国更发达，但为什么没有对美国的零售业产生这么大的冲击？因为美国零售业发展的时间要比中国长很多，在互联网到来之前，美国的零售行业通过竞争的方式，已经经历过行业内部的不断优化和升级，所以效率相当高。

比如美国的梅西百货，它有40%~50%的商品都是自营的。所谓自营，就是百货商场自己去找到最源头的制造商（M），直接定制生产指定货品，贴上自己的商标，在自己的商场（B）销售。

用商品供应链的逻辑来理解，可以把这个模式叫作M2B。这样，梅西百货就绕过了国际贸易商、本地经销商等S，去掉不必要的环节，把商品价格压得非常低。

而中国的百货商场，有很多还停留在收取提成的"联营制"。所谓联营，就是百货商场自己不采购任何东西，也不卖任何东西，只做二房东，让品牌零售商在这里销售商品，然后收取销售提成。

在联营制下，商场赚钱太容易了。

2015年7月，我去爬非洲的第一高峰乞力马扎罗。领队建议，爬这样一座极具挑战性的山，装备要专业一点，于是推荐了一个著名的国际品牌。我在这个牌子的线下专卖店看中了一双登山鞋，零售价是2 480元。服务员看我像个穷学生，主动给我打了八八折，折后2 182元。我很高兴，但还是机智地用手机上网查了一下，发现这双鞋在其天猫旗舰店售价1 392元，京东商城则更便宜，才1 188元。尽管很感激服务员主动打折，但我最终还是选择去网上买这双鞋，因为时代的交易成本效率已经明显提高了，我不愿意为不思进取的商场，按照上个时代的交易成本付费。

不是说店家笑得发自内心，消费者就应该为商品支付更高的价钱。

这也是为什么中国人会乐此不疲地跑到美国、欧洲买东西，然后带回国。国内的东西比较贵，很大一部分原因在于交易成本环节，整个商品价值链太长，附加在上面的成本太高。

怎么办呢？

短路经济

不管什么时代，商业的规律从来没有变过：

> 要么用“创新”的方法，做出别人做不出的商品，获得“定价权”；要么用“效率”的方法，做到别人做不到的价格，降低“定倍率”。

管理学大师彼得·德鲁克曾经说过：

> 当今企业之间的竞争，不是产品之间的竞争，而是商业模式之间的竞争。

什么是商业模式？

> 商业模式，就是利益相关者的交易结构。

零售从业者不仅要有用户思维、产品思维，同时也要有交易结构思维，优化自己的商业模式。

怎么优化？零售商不应该仅仅面对消费者，而应该转过身来，把眼光望向整条商品供应链，利用新科技，优化、缩短，甚至砍掉不再高效的环节。我把这种新零售的趋势，称为“短路经济”。

短路经济主要体现在两个方面：

> 缩短环节。比如梅西百货，缩短制造商（M）和零售商（B）之间的供应链（S），形成M2B的短路经济模式；
>
> 链条反向。比如团购网站，把从零售商（B）到消费者（C）的商品供应链，反转为从消费者到零售商，形成C2B的短路经济模式。

所以，要么借助一切可能的新科技，短路商品供应链中的不必要环节，降低定倍率，给消费者提供性价比更高的产品；要么消费者越过零售商，直接去找上游，甚至最终制造商。

在这一章，我将以下列几个案例，来说明短路经济是如何起作用的。

Costco，如何借助M2B模式，短路S，做到比沃尔玛更便宜，取得巨大成功；

名创优品，如何借助M2b的模式，短路S和B，做到价格只有别人的三分之一，创业4年做到100亿元年收入；

天猫小店，如何借助S2b的模式，短路B，挑战7-11等传统连锁便利店；

闲鱼和瓜子二手车，如何借助C2C模式，短路传统中介模式（C2b2B2b2C）中的B和b，让买卖双方都获益；

红领西服，如何借助C2M模式，反向整个商品供应链，不仅短路了b、B和S，还消灭了库存。

第2节

Costco：M2B成就零售“优等生”

在美国，有一家高效率的收费会员制连锁仓储超市——Costco。其商品以低价优质著称，只有付费会员及其携带的亲友才能进入消费。

Costco是世界第二大零售商，第一是沃尔玛。Costco虽然比竞争对手沃尔玛晚出生20年，销售额也仅是对方的零头，但其客单价是沃尔玛的2倍以上，坪效是沃尔玛的2倍。在2017年《财富》美国500强排行榜中，Costco名列第16位。它从来不在媒体上做广告，也没有专门的媒体公关团队。它还是沃伦·巴菲特的黄金搭档——查理·芒格最想带进棺材的企业。

这家超市虽然还没有进入中国市场，却已经有了中国学徒。不少中国企业将其视为学习的典范，这些企业里有传统的商超百货、有线上流量枯竭的互联网企业，还有担心错过风口的各路资本。

小米CEO雷军曾说，有三家企业对他创建小米影响深远。一家是同仁堂，让他知道要坚守品质；一家是海底捞，让他懂得用户超预期口碑的重要性；而第三家就是Costco，让他了解如何将高质量的产品卖得更便宜。

我自己就特别喜欢Costco，每次去美国都忍不住冲到那里买买买。

Costco的商品有几个特点。

第一，非常便宜。雷军逛完Costco后曾对媒体说过他的感受：

> 那是三四年前，我跟一群高管去美国出差，一下飞机他们就去了Costco，晚上他们回来跟我展示采购的战果。我问猎豹CEO傅盛买了什么，他说买了两大箱东西。新秀丽的超大号箱子再加一个大号箱子，在北京卖多少钱？大概是9 000多元人民币，有人知道Costco卖多少钱吗？900元人民币，相当于150美元。反正我听完以后真的是震惊了。后来我专门去研究了Costco是一家什么样的公司。

第二，包装非常大。大袋的薯片与国内5公斤大米的袋子一样大，巨大的一包牛肉大概是一整只牛腿的量。

第三，品类少，但足够选择。每次去Costco，我都得借用美国同事的会员卡或者让他带我进去。

或许你会想，为什么Costco不向所有人开放呢？买的人不是越多越好吗？

很多人可能都有过这样的消费经历：去一家中国的超市买了不少东西，结账时，服务员问你有会员卡吗？你说没有。服务员从口袋里掏出一张自己的会员卡，嘀一声刷完，然后开始给你结账。你很高兴，因为你买的价格都是会员价；服务员也很高兴，因为她有了积分。

但是在Costco，没有会员卡就不让结账，甚至连门都进不去。

当其他零售商都在为销售量疯狂吸引顾客时，Costco却订立了一套将部分顾客堵在门外的“完全会员制度”：60美元年费的非执行会员，或是120美元年费、可获2%返现最高至1 000美元的执行会员。与一般提供增值服务的部分会员制不同，完全会员制意味着只有会员才有资格入内购物。

网上有一个段子描述Costco：如果僵尸来袭，一定要躲进Costco，这里有牢固的水泥墙、足够用好几年的食物和生活用品。最重要的是，僵尸绝对进不了Costco的大门，因为僵尸没有会员卡。

会员制引领Costco

为什么必须有会员卡才能买东西？要理解这个问题，首先要深刻理解Costco的会员制度，理解Costco这个会员制版的短路经济模式。

据资料显示，Costco每年会员费收入大约20多亿美元，而2017财年，Costco的净利润为26.8亿美元，这意味着整个Costco的利润主要来自会员费。

会员制给Costco带来的好处很多。首先，缩小了目标客户范围。Costco将目标客户锁定在中产阶级家庭，“是否愿意支出会员费”成为区分受众购买力最简单的标准。在会员费门槛之上，Costco圈定较为精准的客户群体，相应地，对会员的数据监测更简单，也更容易提高服务水平和运营效率。

其次，会员制也便于提升用户的忠诚度。在同等价格和质量水平下，消费者往往会因前期的会员费成本而优先考虑在Costco消费，这样才能让自己的会员资格物有所值。在不断的良性循环中，消费者更加认可已选择的品牌，并保持着较高的黏性。Costco会员的续订率达90%，每年都为Costco贡献一笔稳定的收入。

Costco首席财务官理查德·加兰蒂指出，2017财年第三季度，Costco总计拥有1 830万执行会员，产生200亿美元销售额，约占总销售额的70.9%。

可是，为什么一个人愿意花60美元或者120美元，去买一个非储值的单纯的会员身份呢？那一定是因为他在这里买东西，相对于在别的地方能省下来的钱，远远比会员费要多。

低价格+高口碑，会员费反哺利润

这种主要利润来自会员费的商业模式，给了Costco必须进行短路经济，大刀阔斧砍掉中间环节，极大降低商品价格的原动力。

怎样才能做到极大降低商品价格呢？

商品的售价，主要取决于两个因素：一是进货的价格，二是零售商的毛利。在强大的会员体系支撑下，Costco在这两方面都尽可能地做到最低。

进货价格方面，Costco采用超低SKU策略。沃尔玛的SKU大约在10万个，每个商品品类向消费者提供非常多样的选择，而Costco仅仅提供约4 000个活跃SKU。Costco会选择它认为有“爆款”潜质的商品上架，每个品类虽然选择不多，但都是Costco精挑细选的优质商品，且包装很大，量很足。

这样，更少的SKU节省了预定、追踪和展示的成本，降低了平均库存成本。Costco库存周期只有29.5天，低于沃尔玛的42天和塔吉特的58天。库存周期的压缩，带来了资金运转效率的提升，经营成本也有一定程度的下降。

另一方面，单品类的SKU往往代表足够大的订单量和更少的品牌竞争，Costco从而获得与生产商之间更强的议价能力，进货价非常便宜。

在毛利率方面，Costco内部规定，所有商品的毛利率不超过14%，一旦超过这个数字，就需要CEO批准，再经董事会批准。但是，董事会在过去从来没有批准过。

Costco的利润主要来自会员费，商品毛利覆盖运营成本即可，不需要从商品里赚取更多的利润。

同时，Costco的自有品牌非常著名。品牌代表稳定的预期，稳定的预期必然包含相应的溢价。Costco连这部分溢价都不愿意让会员多付。它的自有品牌Kirkland Signature（科克兰）是全美销量第一的健康品牌。多年来该品牌产品以其可靠的质量和良好的信誉，在北美众多保健品品牌中备受关注，拥有极佳的口碑。

Costco通过会员模式、低SKU，获得极强的议价能力，通过自有品牌减少中间经销商环节，用巨大的溢价能力，直接从制造商（M）采购，最有效率地陈列在自己的卖场（B）里，短路了中间的供应链（S），极大提升了整个链条的效率。Costco作为大B，成为短路经济的一个代表，我们可以把这种模式叫作M2B。（见图4–2）

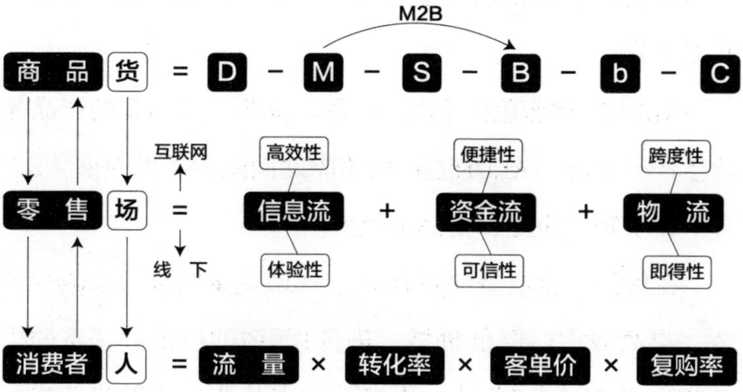

图 4–2

此外，在后端营销上，Costco几乎没有支出。相较于沃尔玛0.5%、塔吉特2%的营销费用，Costco没有广告预算，只针对潜在用户发送邮件，并向现有用户派送优惠券。Costco允许会员携带一名亲友进行购物，这恰好也在一定程度上形成了口耳相传的广告效应。

目前，Costco还处在高速增长阶段。在过去十年，沃尔玛销售额的平均增长率为5.9%，塔吉特是5%，而Costco则达到9.1%。

在零售商超领域，还有一家高效的代表——德国超市ALDI（奥乐齐）。它的店面非常小，只有500~700平方米，单店的单品数量也有限，大约500个。与其他超市不同的是，ALDI只卖自有品牌，不卖其他品牌的商品。每一个单品的质量跟德国市场上其他一流品牌的产品一样好，甚至更好。

ALDI在全球范围寻找生产商，按照一流品牌的产品品质生产。这样，ALDI也在大B和M之间减少了供应商（S）环节，实现了短路，提高了效率。

在保证一流质量的基础上，ALDI还试图进一步减少环节，提高效率，降低价格。进价1元钱的可乐，真正的生产成本可能只有2角钱，更多的成本并非生产环节造成，可能是被物流，被电视台、明星代言，被形形色色的市场活动以及公司高管的飞机头等舱、五星级酒店等费用所提高。ALDI认为这很不合理，顾客不应该为电视台、为明星买单。ALDI希望采购的是裸体产品，要的是产品本身，不附加任何品牌溢价。

为了做到这一点，ALDI连商品都是自己直接去生产商那里运，运货的车辆，包括所有的轮胎，都会定期打磨，这样可以跑更远的路，甚至会调整风挡玻璃的倾斜角度，因为可以减少风阻，降低油耗，节约成本。

ALDI的创始人从不接受任何采访，他认为接受采访还不如去理货，“我坐在镜头前夸夸其谈几小时，都会增加到商品的成本上”。

把效率发挥到极致后，ALDI商品的进价成本就天然地比其他零售商要低，也更具竞争力。沃尔玛曾进入德国市场，后来又退出，就是因为竞争不过ALDI。

作为线下零售的优等生代表，Costco、ALDI都是通过短路的方式，尽可能地减少中间环节，做到更高效率的零售。

第3节

名创优品：M2b让实体小店拥抱春天

2013年，叶国富创立了一家经营日用杂货的公司，卖眉笔、充电线、小玩具等，叫名创优品。

这看上去是再传统不过的零售生意。但是，在日用杂货行业定倍率为3的效率水准下，名创优品把定倍率做到了1。也就是说，它的销售价格，基本就是别人的出厂价格。

所以，短短三年的创业期，名创优品在国内开了1 800多家门店，还在海外50多个国家和地区开了300多家店。成立4年后，名创优品一年的销售额，从0做到了100亿元。

有了这个底气，在互联网平台气势如虹，传统零售业哀鸿遍野、关店成风的今天，叶国富对实体零售店的未来有强大的信心，他说，未来3~5年电商会死掉一大片。他甚至还曾放言：

马云与王健林的赌局，我认为马云必败，如果实体零售输了，我愿替王健林出这个钱。

名创优品的背后有哪些秘密武器，能让“国富”敢在两位“首富”的赌局里插上一脚？

我们来理解一下叶国富的商业模式。

黄金地段的小生意

名创优品旗下的店铺，都是100~200平方米左右的小店（b），与Costco、家乐福等两层楼的超市相比，它的店铺面积太小了。

店铺虽小，但选址都很好，其门店几乎都开在购物中心和主流步行街，而绝大部分购物中心及其周边、主流步行街都是吃喝玩购一条龙服务，人们在享受完吃大餐、喝咖啡、看电影、练瑜伽、做SPA（水疗）等体验式服务之后，顺便走进名创优品的门店挑挑选选。这极大地减少了消费者购物的时间成本。

但是，人流聚集区店铺租金必定不菲，名创优品是怎么做到在这么贵的地方，把日用杂货卖出超低价的？

有一次我对叶国富说，名创优品就是典型的短路经济。

名创优品这个小店最厉害的地方，就是携着1 000多家小b的购买力，直接去制造商（M）拿货，中间没有什么总代理、省代理等各级代理。日用百货的商品供应链被短路成了M2b。（见图4-3）

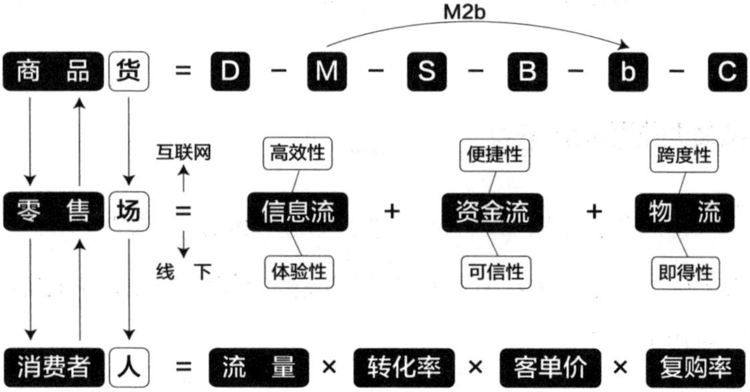

图 4-3

别人投资，自己管理

叶国富在混沌大学演讲时曾说：

过去层层代理、层层加盟的时代已经过去了。今天的互联网时代，信息高度透明，招商、加盟这种封建式的游戏，没人陪你玩。

宜家、优衣库、Costco没有一个加盟店，没有一个代理商，全部是公司直接开店。名创优品在全国也没有一家加盟店，直接从工厂到店铺，中间没有任何环节。我们的所谓加盟商只是店铺的投资人而已，他们没有任何经营权。店长、店员直接向总公司汇报工作。他们有什么意见，直接来找总公司。这样的模式带来渠道极短、效率极高、价格极低的效果。

这当中说的“所谓加盟商只是店铺的投资人”是什么意思？

叶国富用了一种介于直营和加盟之间的开店模式，叫作“直管”。直营，就是自己投资，自己管理；加盟，就是别人投资，别人管理；而直管，就是别人投资，自己管理。

投资人带着两种东西来找名创优品：好的店铺位置和钱。然后，你就等着分钱吧，管理的事情，我来。

聚沙成塔的规模效应

叶国富通过直管的模式，迅速聚集了1 000多家小b。

然后，他用这1 000多家小b的议价能力，直接找到了制造商（M），进行大规模采购，而且是一次性付款。

制造商当然很高兴。但是，名创优品希望制造商在同品质的情况下，将常规出厂价降低一半。制造商想了想，还是答应了。因为他们最在乎的不是毛利率，而是利润绝对值。

然后，名创优品作为品牌商，再加价8%~10%，作为品牌的运营费用，支持中后台的数据、仓库、采购的运营。

为了完全去掉所有的渠道，叶国富在全国建了七大仓库，每一个工厂生产完成，直接把产品按照指定数目送到各地区仓库，这些仓库是名创优品和工厂的共享仓库。根据每家门店的经营数据，中台的工作人员负责从七大仓库里调配货物，送到每家门店。门店只加价32%~38%，这笔钱用于支付门店的租金、员工工资和最后一段物流的成本。

现在我们来算笔账，过去出厂价1元，零售价3元。现在出厂价降为0.5元，加上8%~10%的品牌费和32%~38%的门店毛利，最后的零售价连1元都不到。

对于体积较小的产品，名创优品实现了从M到仓库到小b的短路经济。对于较大的产品，比如说行李箱，名创优品希望能“共享工厂”，将工厂作为仓库，下单后，直接从工厂到店铺，想尽一切办法缩短中间环节，提高效率。

这就是名创优品的“短路经济”，用M2b的模式，短路S和B，在短短4年内，获得了巨大的成功。

虽然叶国富本人希望代表线下零售，应对电商的挑战，但是有一次碰面时，我对他说：你其实和电商一样，是在用高效打低效。新零售并非线上和线下之争，而是高效和低效之争。叶国富的名创优品，就是一个典型的案例。

第4节

闲鱼、瓜子二手车：C2C打开万亿二手市场

二手闲置交易，一直是商业世界中一块巨大的蛋糕。在欧美国家，二手交易早已成为生活服务领域的刚需。早在19世纪末的法国，旧货市场就已经存在，只不过那时的旧货市场是穷人的天堂，贫民在垃圾堆里挑挑拣拣，并就地随手出售。在1886年，旧货市场以固定位置集市的形式被保留下来。

美国也有跳蚤市场文化。分类信息网站Craiglist上各种二手闲置物品的交易信息，让美国关于二手闲置交易的市场规模占社会零售总额的0.8%。

而在中国，一切才刚刚开始。以分类信息起家的百姓网、58同城的二手交易频道是国内最早的二手社区，孔夫子旧书网是专卖旧书的电商平台，还有豆瓣小组零碎、没有规则的交易形式等。

随着国民购买力的提升，加上网购的火爆和消费升级的促进作用，二手交易变成一片越来越重要的战场。第一财经商业数据中心的数据显示，2016年中国闲置市场规模保守估计已达4 000亿元。

不过，二手闲置物品虽受欢迎，但痛点很多。

过去，把自家的闲置物品拿出来卖，要经过C2b2B2b2C的一个过程。（见图4–4）

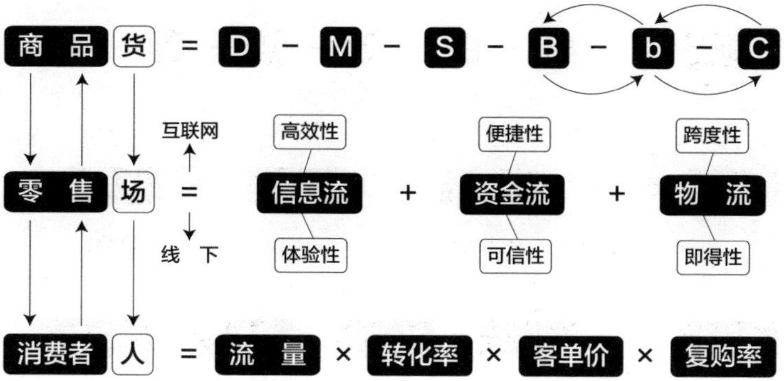

图 4–4

这个链条解释起来就是，需要先找一个收旧货（b）的人来收，他们通常都是骑着三轮车走街串巷到处跑的人；然后，他们会把这些收来的闲置物品集中到一个大废品商或者说二手商手中（B）；二手商再分发给一些小商贩（b）去卖，这个时候想购买它的人（C）才能把它买走。

这些商贩和二手商通常鱼龙混杂、定价缺乏依据，商品质量和售后服务也难以得到保证，制约了二手物品消费市场的发展。

二手交易市场可以用短路经济的理念，把中间的B和b都短路掉，提升效率吗？

于是，C2C就成为二手交易市场中理想的商业模式。（见图4-5）

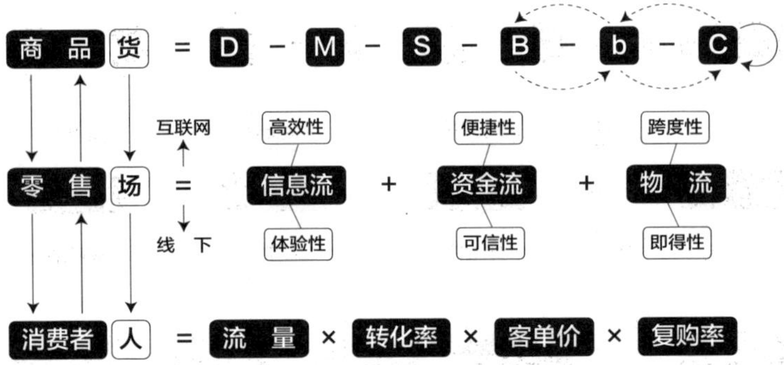

图 4-5

用“鱼塘”构建C2C

2014年6月29日，闲鱼App上线，它最早的雏形是淘宝的“跳蚤街”频道。后来，跳蚤街又改名为“淘宝二手”。

现在，你想在闲鱼上出售闲置物品，只需把它挂在闲鱼平台上，尽可能地描述它的使用情况、型号等，然后报一个自己觉得合理的价格就可以了。如果有人要，你们可以约个时间，让对方把东西取走。这就是C2C，去掉了所有的中间环节，效率大大提高。在这个价值链中，每个人既可以是供应方，又可以是需求方，通过移动互联技术实现去中介化，供应方和需求方在移动互联平台上直接完成分享交易，不用再受中间商的层层“盘剥”。

截至2017年11月，闲鱼的用户数超过2亿，活跃卖家超1 600万，拥有45万个遍布天南海北的“鱼塘”，用户活跃度达41%。目前，印度、日本、南非等地都出现了活跃的“鱼塘”。

在闲鱼上，男性用户与女性用户比例约为1∶1。妈妈们在这里交易更新换代速度很快的婴童产品，成为闲鱼上最活跃的群体之一。喜欢尝试新鲜事物的大学生、数码控也在闲鱼圈地互娱。还有一些用户在闲鱼并不是以交易闲置物品为主，他们发掘了晒照片卖“单身狗”等玩法。用户把闲鱼当作社区来玩，过程中自然地沉淀交易。他们的交易、对话、娱乐都是基于闲鱼App产生的动作，使闲鱼成为活跃度很高的移动化社区，甚至成为一种流行文化。

在闲鱼的拍卖频道，每个月都有5 000万用户在这里寻找奇特的商品，王菲拍卖手抄《心经》、papi酱拍卖广告资源，司法拍卖也把闲鱼作为重要的平台，在闲鱼上甚至出现过波音747飞机这样的拍品。

2017年，闲鱼最新的用户报告显示，其平台上16~27岁用户的比例为55%，这些年轻人在过去一年分享了1.68亿件闲置物品，平均每人赚3 456元，相当于多赚了一个月或半个月工资。

现在，我们来思考一个问题。传统C2b2B2b2C中间的B和b，在过去，就真的是盘剥者吗？他们就没创造价值吗？

他们当然有。在过去，大B和小b提供了两个非常重要的价值：

1.信息中介的价值。我想买个东西，不知道谁想卖；我想卖个东西，不知道谁想买。所以小b不管有没有买家，先从卖家手上收走二手商品，然后帮它找买家，提供了信息中介的价值。

2.信用中介的价值。买家担心，万一买到有问题的商品怎么办？卖家担心，万一买家付款有问题怎么办？这是信任的问题。所以大B不断经营自己的信用，让卖家拿到钱，让买家放心买，提供了信用中介的价值。

所以说，每一件事情背后，都有其商业逻辑。中介之所以能存在这么久，当然不是没有道理的。

那么闲鱼能够用互联网，短路实际上很有价值的大B和小b吗？

首先，闲鱼要解决信息中介的问题。

这是互联网的强项。在第二章讲到，互联网信息流的特征就是高效性。把想出售的商品或者想入手的宝贝发布在闲鱼上，就能很好地解决信息中介的问题。

每一件闲置物品的价值独一无二，用户要做的是把其中的独特之处展现出来。闲鱼后台有特定的算法，用户描述越详尽、越有故事的闲置物品越容易被系统抓取、展现。因此，逛闲鱼与逛淘宝不同，用户之间可以有大量的聊天、互动，甚至讲故事。

除此之外，闲鱼还同时具备会话功能，陌生用户间可以发送消息沟通，不会受到电话骚扰。通过支付宝担保交易，发货可以选择自取、快递，顺畅地完成整个交易过程。闲置物品一周内转卖成功的概率也很高。

为了增强信息中介的职能，闲鱼努力促成近距离的交易。这一点，在过去很难实现。

怎么做？注入社交属性。

闲鱼以用户的校园、办公园区、小区为单位，根据人口密度做地理围栏，建成本地化闲置交易社区——鱼塘。

鱼塘渗透力很强，只要有需求，就能活跃起来。媒体曾经报道过一个来自酒泉东风航天城卫星发射中心的鱼塘。在那里，数千名科技工作者及其家属急需一个本地二手交易社区。过去，由于工作地点的保密性，传统电商难以给他们送货，航天城内交易闲置物品需求旺盛，而鱼塘成为迎合需求的最好载体。为此，闲鱼为他们建立了一个半径超过10公里，以附近居民区为地标的鱼塘。

随着用户在鱼塘内活跃度的提升，传统电商交易的需求被不断挖掘。社区化让闲鱼在快速发展中建立起自己的城池，C2C的链条更短，效率更高。

当然，如果只是出售闲置物品，闲鱼似乎与其他二手交易平台没有太大差别。不同于其前身淘宝二手，闲鱼主打的是“闲置物品交易社区”，社交的意图显而易见。从第一财经商业数据中心发布的闲鱼用户数据来看，它的确在朝着社区化的方向发展，成为90后和00后新的社交工具。

闲鱼上各种基于地理位置或兴趣组建的鱼塘，是年轻用户最集中的地方，其中超过40%的塘主为90后。这些年轻的用户在出售闲置物品之余，也将其当作分享交流的社区，这一点在各类兴趣鱼塘中体现得较为明显。比如，在宠物类鱼塘，分享最多的主题是晒自家宠物和关于宠物健康状况的求助帖。

为C2C注入社交属性后，用户的黏性和活跃度都得到极大提升。闲鱼上流通量最大的闲置物品品类是3C（计算机、通信、消费类电子产品）、服饰、母婴。随着闲置物品交易量提升以及社交属性被进一步激发，平台上还产生了大量的闲鱼段子和故事。

作为信息中介，闲鱼基于互联网的C2C模式，有着天然的巨大优势。那么，作为信用中介，闲鱼也能胜任吗？

通常来说，闲置物品交易在熟人之间都是有障碍的，因为熟人之间谈到钱、交易很伤感情，更不用说缺乏基本信任的陌生人，怎么办？

首先，闲鱼用户必须经过实人认证（扫描面部特征），买卖东西则必须有支付宝。这相当于社区的身份证和入门卡。

然后，在闲鱼的“信用速卖”功能中，用户只要芝麻信用超过600分，就能享受“先收钱，后卖手机”的待遇。芝麻信用的介入，让闲鱼的信用度陡增。

此外，闲鱼通过阿里巴巴的大数据、芝麻信用体系、淘宝用户等级以及新浪微博等社交媒体信息，形成一套新的信用评判体系，构建了闲鱼的“半熟关系”，增加了交易的可能性。

所以，信用这项虚拟资产，在这个虚拟的时空中，其价值被充分地放大了。

通过运用更高效率的新科技，解决信息中介和信用中介两个问题后，闲鱼短路了传统二手交易C2b2B2b2C中的B和b，形成了C2C的短路商业模式。

闲鱼上线3年后，在其2017年战略发布会上，阿里巴巴集团闲鱼总经理谌伟业称，闲鱼要成为继淘宝、天猫之后，阿里巴巴正在催生的第三个万亿级平台。

二手车市场的“终极模式”

C2C短路经济模式，有没有可能用在大额二手交易中呢？比如二手车。

没有地域限制、服务网络广、减少中间环节、买卖双方直接交易、信息公开可查、透明度高，C2C会是二手车市场的终极模式。这就是“瓜子二手车”CEO杨浩涌和“人人车”CEO李健的共同信仰。

长期以来，二手车交易是个混乱的市场。与交易闲置物品类似，过去二手车交易也是一些小商贩来收车，再卖给较大的二手车经销商，经过统一处理，再分给小店把它卖掉。这就是C2b2B2b2C的传统模式。一辆车从原车主到达最终购车者，中间经历三四手的倒卖也属正常，毫不奇怪。

但是，二手车的情况很复杂，可以说是一车一况，一车一价，交易流程中的检测、贷款、维修等环节均存在信息不对称，且无统一标准。传统的大B和小b的机构信用，就显得非常重要。

所以，这些信仰C2C的二手车交易平台，解决信息中介的问题不足为奇，但是它们也能解决信用中介的问题吗？

2015年9月15日，赶集网创始人、58赶集联席CEO杨浩涌宣布“赶集好车”更名为“瓜子二手车直卖网”。杨浩涌解释说，大家想到瓜子时，状态就会很放松，一边嗑瓜子一边聊天，瓜子二手车要让二手车交易像嗑瓜子一样简单、放松、信任、直接、开心。因为毫不避讳地主张消灭中间商，实现个人买主和个人卖家两端的顺畅交易，瓜子二手车被媒体称作二手车电商C2C模式的鼻祖。

那么瓜子二手车是怎么解决信用问题的？

瓜子二手车的C2C模式，虽然不赚“暗地”的差价，但是赚“明面”的佣金。个人卖家和买家通过平台完成交易，瓜子二手车收取4%的佣金。然后，由平台提供车辆检测和信用担保。杨浩涌曾经这样表述瓜子二手车想做的事：

> 你想卖车，瓜子二手车上门给你操作，你什么也不用管。你要买车，瓜子二手车带着你去看，你只需要决定是否购买，后面一切烦琐的事务都由瓜子二手车来做，包括后续服务。如果你现在钱不够，瓜子二手车平台给你提供贷款。你买了车之后不知道怎么维修保养，瓜子二手车帮你解决……这就是我希望打造的链条和服务体系。

所以，瓜子二手车是用平台的服务进行车辆检测，用平台的信用进行信用担保。你不用相信卖家，他也不用相信买家。你们信不信我？信我的话，我告诉你，我检测过，车没问题，可以买，我不会骗你的。

随着瓜子平台信用的不断建立，买家和卖家交易的担心会越来越少。如果有一天，大家能像相信“京东无假货”一样，相信“瓜子不骗人”，它的模式就离成功不远了。

现在，链条的两端都已经尝到了甜头。瓜子二手车官方表示，瓜子平台为买家节约了至少5%~7%的费用，使卖方多获得10%左右的收益。

这就是短路B和b的C2C短路经济模式。

第5节

天猫小店：S2b赋能传统夫妻店

2017年5月26日，阿里巴巴总参谋长、湖畔大学教授曾鸣在“天猫智慧供应链开放日”的论坛上发表了一次演讲。在这次演讲中，曾鸣提出了S2b的概念（见图4–6），这是对新零售、新商业未来的创新思考。

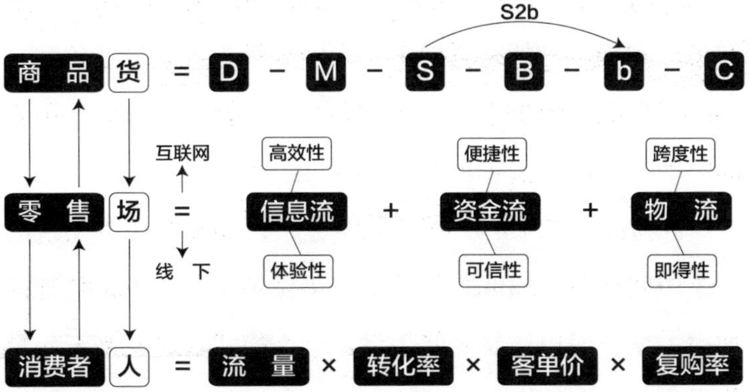

图 4–6

到底什么是S2b？

按照曾鸣的解释，S指大的供应链平台，会大幅度提升供应端效率；b指一个大平台对应万级、十万级甚至更高万级的小b，让它们完成针对客户的服务。

小b是生长在供应平台上的物种，它有可能是一家夫妻店，有可能是一位网红，也有可能是一位设计师，S这个大平台要保证质量和流程的高效，但最重要的是让小b自主地发挥它们最能触达客户的能力，把人的创造性和系统网络的创造性有机地结合在一起。

大平台S不承诺给小b提供流量，不承诺保证小b的生存，但会提供后台支持。小b要自己去找流量，甚至对于起步的平台S来说，要找到自带流量的小b。实际上，任何小b在不同的网络平台上都有自己的小网络、小圈子，它们可以利用自己的互联网工具影响一批人。怎样让这些小b充分利用自带的流量，充分发挥自主能力，形成一种新的驱动力，这是未来非常有趣的一件事。

曾鸣说，未来的一切都是服务，产品只是服务实现的一个中间环节，S和b之间既不是买卖关系，也不是传统的加盟关系，而应该是赋能关系，这个模式将是未来五年最值得大家努力的战略方向。

在演讲中，曾鸣提到了一些S2b的雏形。比如，杭州传统的批发市场四季青完成了一次升级——批发档口与零售和生产之间的升级。整个四季青变成了一个草根版的时尚发布平台，其前端的小b就是大大小小的网红，其中大部分小网红并没有设计和生产能力，他们依赖类似四季青这样的供给平台基于商品方面的需求。网红要做的就是跟客户实时互动，挖掘需求，甚至通过商品的预发布来让客户参与产品的设计。网红推动品牌在线化，四季青帮助网红实现后台的平台化，这两股力量会进一步向整个生态圈渗透。

那么，到底曾鸣说的S2b，在现实生活中，有没有真实的应用呢？

给小卖店配备“现代化武器”

其实，在第二章重点讲述的天猫小店就是S2b这种商业模式的完整案例。现在，我们用S2b的逻辑，重新理解一下天猫小店。

在天猫小店的案例中，S是天猫搭建的零售通平台，小b是散落在全国各地无数小区里的传统小卖部。因为S的存在，小b再也不用去批发市场进货了，S2b短路了中间的层层渠道。

在S2b模式中，小b被S赋能，提高了效率；而S也从这些小b中，收集了大量的流量。这些线下流量和线上流量未必重合。比如，在线上买东西的可能是年轻人，而在线下买东西的可能是老年人。

除了用S2b的短路经济帮助天猫小店提高经营效率外，阿里巴巴也在用一些黑科技，帮助小店提高销售业绩。

2018年的春节和情人节撞车，在情人节前夕，杭州西溪路418号的天猫小店里多了一台小机器，两张脸凑上去，就能检测出夫妻相似指数。相似指数高，还能打折，越高折扣越大。

阿里巴巴零售通方面表示，这是阿里巴巴达摩院机器智能技术实验室推出的“夫妻相”打折活动。活动背后应用到两项技术：一比一人脸识别和笑容人脸属性检测。

消费者只需要和同行的家人、朋友拍张照，人工智能就可以综合两张面孔的相似度、开心程度（微笑灿烂程度）评出“夫妻相”指数，不同分数可以换取不同的奖励。相似度90分以上，可以得到88元抵用券；相似度0分，也能拿到5元抵用券，作为安慰奖。

据说，已经有不少消费者前去考验夫妻感情了。阿里巴巴相关负责人表示，工程师们用余力开发这样一款小工具只是让大家乐一乐。但对于全国600多万家零售小店来说，阿里巴巴达摩院的黑科技最终都会为它们赋能，让街头巷尾的夫妻小店有机会升级为智慧小店。

通过S对b的不断赋能，那些小卖部有机会从曾经的“小米+步枪”时代，直接过渡到“现代化武器”武装的新时代，从而提高效率。

零售业之外，超多小b等待赋能

其实，S2b这一商业模式的应用范围很广，不仅是零售行业，在其他存在大量小b，且小b缺失信息化、数据化、网络化能力的行业都可以应用。

比如，手机维修行业中大部分企业都是小店模式，大多城市都有一个类似于手机维修一条街这种小店聚集的地方。传统的手机维修零件分销层级和大多零售品一样，零件出厂后，经过总代理、各级代理和分销商，再进入维修小店。

怎么办？

一个名为“好维修”的手机维修小店服务平台，用平台作为S，向维修小店这种小b提供服务，短路掉中间的各级代理。这就是手机维修领域的S2b短路经济模式。据计算，通过好维修平台的S2b模式直接进货，小店端平均可以增加10%左右的毛利。

目前，好维修主要推广的市场为三四线城市。数据显示，中国的2 800多个县城、地级市中，每个地域都有50~100个维修点，每个点一年的维修流水大概在20万元左右。由此算来，中国三四线城市的手机维修市场能达到千亿元级规模。如果好维修能服务好这么多小b，从千亿元级市场分取一块蛋糕还是很有可能的。

自从曾鸣提出S2b这一新模式后，不少企业都在探索这一模式。某在线旅游平台试图打造旅游S2b平台模式，帮助中小旅行社进入新零售时代。

目前，旅游行业的态势是OTA（在线旅行社）价格战打了很多年，但线下仍然是主流市场，且线上获客成本很高，甚至超过了线下。2016年开始，OTA纷纷把目光投向线下，与此同时，很多线下的大型旅行社开始探索线上模式，试图实现线上、线下全渠道销售。

但对中小旅行社来说，想实现线上、线下的融合，成本极高。于是，旅游行业内就会出现S2b商业模式：一个大供应链平台（S），集成和协同链条上的各个环节，为中小旅行社（b）提供产品、技术服务。中小旅行社（b）收集流量，供应链平台（S）保证产品质量，短路掉曾经绕不过去的中间环节，让旅游产品可以在最短的时间内，通过中小旅行社送达消费者手中。

第6节

海尔、必要、红领：链条反向模式走高质低价路线

短路经济有两种形态：环节短路和链条反向。

前面分享了很多环节短路的案例，比如Costco的M2B，名创优品的M2b，闲鱼和瓜子二手车的C2C，天猫小店的S2b。现在，我们来看一下短路经济的另一种形态：链条反向。（见图4-7）

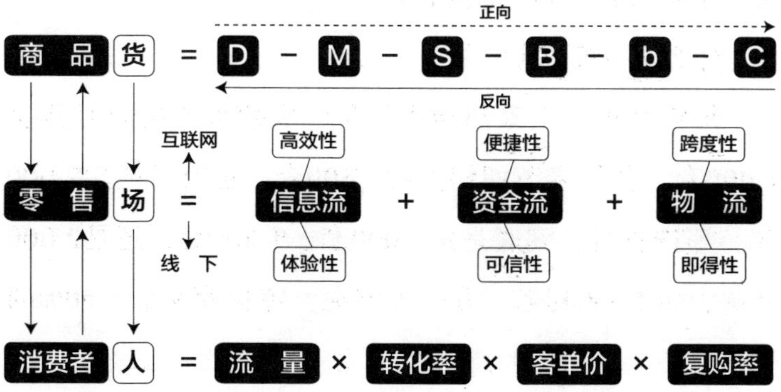

图 4-7

什么是链条反向？

链条，指的就是商品供应链D-M-S-B-b-C，从左往右，是传统商业的正常流向，是正向的企业设计、生产、销售。

站在企业的角度想，这个方向太正常了。企业决定生产时，并不知道每一件具体的商品卖给谁。虽然也会做一些市场调研，但毕竟是预估，不一定准确，怎么办？企业会先生产出来，然后用利润“聘请”整个商品供应链帮忙找到消费者，把产品卖给他们。

所以，在这个从左到右的商品供应链，零售被称为末端。

但是，把零售当成末端的商品供应链，给商业界带来一个顽疾，那就是库存。商品供应链里的库存问题，甚至有一个专门的名字：牛鞭效应。

什么是牛鞭效应？

每年过年，大家都会买年货。零售商平常每月能卖1 000套，估计春节期间能卖1 500套，也有可能卖2 000套。那进货时，到底是定1 000套、1 500套，还是2 000套呢？定2 000套吧，万一不够呢？零售商又加了50%的冗余。

所有零售商把订货数报给市级代理。市级代理一看，总定量是20万套，那就向省级代理定20万套吗？万一不够呢？加点儿冗余，定30万套吧。省级代理统计数字，一共有200万套需求，同理也加了冗余，向总代理定了300万套。总代理收到全国2 000万套需求，向厂家定了3 000万套。最后，厂家生产了4 000万套。

最后卖出去多少呢？可能只卖出去1 000万套。

这就是牛鞭效应。从零售商层层反馈到制造商的生产数据，被不断放大，越来越失真，像甩动的牛鞭一样。而牛鞭效应的代价，就是整个商品供应链中积压的库存。

虽然商业世界想了无数的方法，库存问题也已经有了不少优化，但是它依然是正向商品供应链的顽疾。

怎么办呢？

如果把商品供应链反过来呢？零售不再是链条的末端，而变成开头呢？如果能拿着有名有姓的真实需求，反向往上求，按需生产，不就没有库存了吗？

于是C2B模式、C2M模式，应运而生。

C2B：海尔的无灯工厂

理解C2B之前，需要先了解什么是B2C。

B2C是指商家直接面向消费者销售产品和服务，是商品供应链中最常见、最基本的商业模式。把这一模式放到线下，就是大家熟悉的超市、商场、购物中心；把这一模式放在线上，就是常说的网上商店，比如当当、京东、天猫等。

如果把C和B调换位置，变成C2B呢？这就发生了本质的改变。

2012年，阿里巴巴提出C2B模式，即企业按消费者的需求提供个性化产品和服务。该模式被认为是对传统工业时代B2C模式的根本性颠覆，是新商业创新最重要的工作。（见图4-8）

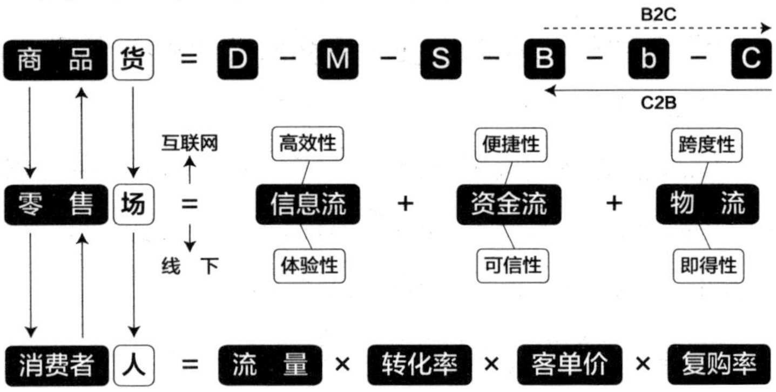

图 4-8

2013年，海尔和天猫合作，在双十一推出了C2B定制冰箱。消费者（C）可以在海尔天猫旗舰店上按需选择容积大小、调温方式、门体材质、外观图案等。海尔柔性化的生产链，可以同时满足超过500个型号的产品定制服务，解决消费者个性定制需求。2015年，海尔还拿下了《超能陆战队》《冰雪奇缘》等迪士尼公司出品的动漫形象使用权，进一步满足外观图案的个性化需求。

消费者选择并定制后，在天猫旗舰店（B）下单，然后海尔的工厂开始按照消费者的定制要求，按单生产。

作为海尔集团的战略顾问，我请海尔集团战略部安排，专门参观过这个定制工厂，也就是海尔著名的“无灯工厂”。什么叫无灯工厂？因为没有人，所以不需要开灯。整个工厂里，几乎全是机器人。

海尔先对冰箱、洗衣机等电器做了模块化设计。比如，洗衣机有25个模块。要不要带烘干功能？这是一个模块。操作面板是机械面板还是电脑面板？这又是一个模块。

然后，消费者对这些模块的选择和定制，被派发到生产线，机器人按照订单，在同一条流水线上，生产不同的冰箱。这就是柔性生产。

我在中国的海尔和德国的宝马，都参观过柔性生产，同一条生产线上，下线的每一台冰箱、每一辆汽车，都不一样，十分震撼。

参观完，我相信确实不用开灯，因为都是机器人。机器人干活，不需要灯。

海尔的C2B模式，彻底消灭了成品库存。除此之外，还解决了什么问题呢？

海尔在盘点这次C2B尝试时，公布过一组数字：

> 集中批量采购成本下降10%，提前整合营销成本下降10%，降低仓储占用成本下降7%，集中干线物流成本下降5%，加快资金周转成本下降4%，降低库存风险成本下降7%，最高可将成本降低43%。

可降低的商品成本超过40%，意味着用C2B模式，消费者可以买到完全为自己定制的产品，而且更便宜。

2016年，一位用户发了一条微博：

> @海尔 你们可以出一款外观像宫殿一样的迷你冰箱，宫牌打上冷宫！绝对棒得没话说……

七天之后，海尔把这台“冷宫”冰箱送到这位用户家中。

反向>定制：必要商城

海尔的C2B模式，做得非常成功。而必要商城的创始人毕胜，对反向定制模式的看法却非常不同。他说：

反向定制的本质，是反向，不是定制。

毕胜是百度早期的创始员工之一，曾出任百度的市场总监和总裁助理。2005年，百度上市后他急流勇退，赋闲三年后，再度出山创办鞋类电商乐淘网。当时，毕胜并没有做电商的经验，在乐淘网交了几个亿的学费。2013年，他出售乐淘网，创办必要商城。必要商城是一个被称C2M（见图4-9）的反向定制平台，消费者先按照自己的尺码和喜好下单，然后厂家再生产。

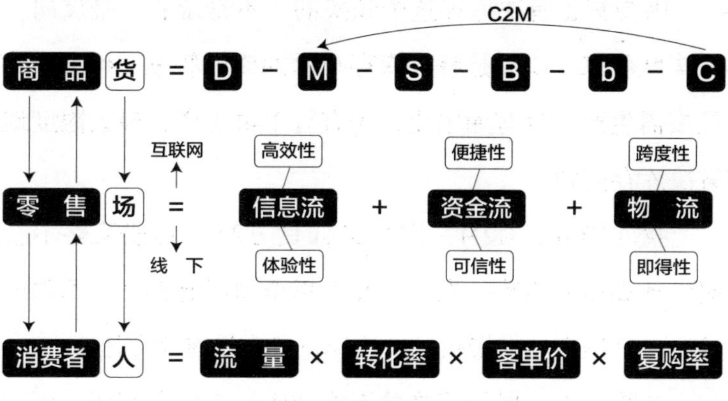

图 4-9

到底什么是C2M？就是一端连着消费者，另一端连着制造商，不但反向，还短路掉b、B、S等一切不必要的环节，砍掉所有不必要的成本，用高质低价吸引消费者，用零库存吸引顶级制造商。

2015年，必要商城刚上线没多久，我和毕胜进行过一次深度访谈。当时，我还专门在必要商城定制了一双号称是由“博柏利中国代工厂按照给博柏利代工的品质生产的皮鞋”。我选了自己喜欢的鞋面颜色、鞋底和鞋带，下单大约20天后，鞋子寄到了。我不确定博柏利是否真的会如毕胜所说，把这种品质的皮鞋卖到5 000元，但我的试穿感受是，这种品质的皮鞋只卖399元，确实大大物超所值。

为什么毕胜说，这是“反向>定制”呢?

因为真正解决库存这个顽疾的，不是定制，是反向。在毕胜看来，C2M是解决库存难题的终极答案。C2M模式是按需生产，没有库销比，先有订单再生产，最大限度地解决库存问题。

我问毕胜，C2M一定是最佳良方吗？其他策略不行吗？比如爆品策略：在一个品类里全力以赴做好一两款产品，一经推出就火爆热销，这样自然也没有库存压力。

毕胜认为，爆品策略并不能彻底解决库存问题。因为人的预测能力有限，生产完之后没火爆的可能性始终存在，到那时为应对火爆热销而大量生产的备货就成了大麻烦。爆品策略的难点在于如何保证每次都预测正确。

C2M虽然尽可能地减少了中间环节，但对制造商会不会造成压力？毕竟，工厂的原材料总要备库存，比如与必要合作的鞋厂总得事先购买皮革和鞋底等原材料。毕胜认为，C2M的原材料库存不会对制造商造成压力，因为原材料本身是保值的，有时还会增值。比如从非洲购买的原材料，一旦非洲出口量减少，还能增值。但原材料一旦做成产品，成为积压的库存后，就会大幅度贬值。

海尔是从制造商进入零售，必要商城是从零售商倒逼商品供应链。这两家公司的基本逻辑完全一样，用链条反转的短路经济模式，消灭库存，提升商业效率。

未来，中国制造的趋势是：低质高价和低质低价的商品存活空间将会越来越小，甚至被逐步淘汰；高质低价的零售业，将会迎来它的时代，而C2M模式是实现高质低价的一个有效手段。

C2M：红领15年的试验

C2M模式，把零售当成起点，而不再是末端。

商业界还有一位大佬极为推崇C2M模式，他就是复星集团董事长郭广昌。围绕C2M，复兴投资了三家有代表性的企业：构家、阳光印网、红领。

构家是互联网整体家装开创者之一。关于构家的C2M模式，构家创始人颜传赞曾介绍说，构家的室内设计信息化系统除了“一键构家”功能之外，更重要的是，系统可以直接导出图纸对接到工厂生产端，快速响应C端用户的需求，将用户数据连通工厂生产端，用户需求前置，最终实现C2M。

阳光印网同样如此，旨在通过C2M模式对印刷行业进行互联网化改造，连接线下印刷工厂和客户，打造企业采购平台。2016年6月，阳光印网获得3.5亿元人民币C轮融资，由复星集团领投，软银跟投。

最后，来说说大名鼎鼎的红领集团。

红领集团是一家做男装起家的传统服装企业。2003年之前，红领和大多数中国的服装厂一样，以代工为生，自主品牌的成衣仅在它的所在地青岛有一定影响力。

海尔的冰箱、洗衣机虽然也有库存，但服装业的库存和家电制造业完全不是一个概念，要可怕得多，因为服装业品类深度要深得多。

什么叫品类深度？

消费者去买一件衬衫，挑了39号领口的尺码，但38号的生产商要做吧，40号的也要做吧，甚至从36到44号，一件都不能少。如果消费者买的是深灰色的衬衫，那么，深蓝色要不要做？浅蓝色呢？红色呢？流行色一件都不能少。

所以，同一款设计的衬衫，服装这个品类的深度，比冰箱、洗衣机要深得多。因为人的身材、喜好千变万化，无法标准化。服装业的库存问题，是整个零售业的顽疾。

红领集团的总裁张蕴蓝曾经对我说，对很多服装品牌来说，每销售一件衣服，大概会产生三件库存。所以可以说，你买一件衣服，等于付了四件衣服的钱，只不过另外三件没有给你而已。那另外三件去了哪里呢？另外三件库存，催生了服装业特有的一种商业模式——奥特莱斯和唯品会等专门为鞋服行业消库存的商业模式。由此，可以看到鞋服行业的库存已经到了非常严重的地步。

怎么办呢？从2003年开始，红领开始了一场耗时15年的试验：用不一样的思路解决库存和竞争问题，这个思路就是C2M。

C2M的第一步是准确收集消费者（C）的需求。

2003年，红领的定制业务从纽约起步。红领在此有很多合作伙伴，他们用红领旗下的品牌或自己开发的品牌开店。这些店的首要任务就是搞清楚顾客的西服定制需求。他们在店里给顾客量体，会采集19个部位的21个数据。据说这些数据不仅会给出尺寸，还能判断形体，比如是否驼背。

采集了身材数据，这些零售店就要和消费者一起讨论“喜好数据”。

他们与顾客一起选择：这件衣服应该配什么样的扣子，领口是否应该斜一点……红领给消费者提供非常丰富的选择，扣子、面料、花型、刺绣都有很多种，顾客可以根据店里的原料或成衣来挑选。

最后，北美的合作伙伴把消费者（C）的身材数据和喜好数据发给红领在青岛的工厂（M）。从C到M，红领拿到数据后，会有一轮审核，看这套西服这么搭配合不合理，然后开始安排生产。

我专门在红领定制了一套西装，也请张蕴蓝带我去生产线参观了一遍。

首先，我看到一台巨大的机器，在我选的那块布上面切下去。这块布，就被切成了布片。这个过程叫作制版。

制版这件事，过去都是由老师傅来做，一套高级西装的制版费，就是几万元。一个顶级的制版师，一年收入几百万。

但是，在红领，这样一刀下去就解决了。

我问张蕴蓝，这行吗？

她说，这项能力的核心是把经验数据化。根据十几年的服装定制经验，红领把人体三维数据与布片二维数据对应起来，技术团队经过四次尝试才建立起匹配算法，变成数据库，并且不断添加、优化。到2016年底，红领数据库中的标准版型已达40万套，衍生版型（比如一粒扣子变化即可视作一次衍生）多达百万亿套。现在，这个数字还在不断增加。

我注意到，每一块主料上，都被订上了RFID（射频识别技术）物联网芯片，然后挂在杆子上，开始走流水线。

当流水线走到某个女工面前时，她用这上面的RFID物联网芯片，嘀地碰了一下缝纫机上的小电脑。这个小电脑有个6寸大小的屏幕，屏幕上会出现这件衣服应该缝几颗扣子，单色还是多色。有些屏幕会显示凸肚体或袖肥，这意味着她要依靠经验和手感，把收口处留大些，并使袖子适度靠后，以保证这件衣服的主人不会觉得腋下紧绷。每个工人只需要做好自己环节的一小件事，整套系统就跟富士康工厂的流水线一样。

我看到女工要做这么复杂的工作，又有了疑问。

我参观过一些别的西装工厂。在那些工厂，西装制作流程被精细化分解，每个女工一整天只需要做一个动作，缝纫机上只有一卷线，也不需要换线。那样效率多高。而红领的工人现在面对7~8卷线，那么多扣子，还要看屏幕，效率不是降低了吗？

张蕴蓝说，这样做，女工的效率确实降低了，体现到成本上，红领集团定制业务的成本是过去成衣制造的1.1倍，但是我们的净利润率却远远高于传统成衣行业。以巅峰时期的美特斯邦威为例，2011年，其净利润率为12%，而现在，美邦净利润率为负数，我们净利润在20%以上，甚至能达到30%，为什么？因为我们彻底消灭了库存。

这就是C2M的优势，通过反向定制，取消了中间环节，做到零库存。过去一件衣服价格里有50%是为库存买单的。

最后，走完整条生产线，我们看到下线的每一件西装，都完全不同。张蕴蓝拿起一件西装，对我说，你看每一件西装，都能大概看出这个人的职业、喜好、习惯。每个人都应该有不一样的西装。

这个耗时15年的C2M试验，让今天的红领不但获得了投资人的青睐，也在市场上红得发紫。

和张蕴蓝同读湖畔大学的张宁，也是我十几年的好朋友，最近在依托红领的反向定制能力提供的供应链平台（S）上，开创了一个独立的男士品牌“半度先生”，成为品牌零售商（b）。半度先生（b）的设计能力、获客能力，为红领的供应链平台（S）带来流量；红领的供应链平台（S）又为半度先生（b）赋能。估计张蕴蓝和张宁在湖畔大学听过阿里巴巴首席参谋长曾鸣教授的课，现在又开始在S2b上发力。

除了用S2b模式支持万千渠道品牌，红领还做了一个互联网工业品牌“酷特”，帮助中国传统制造业转型升级。红领之所以能获得成功，工厂的柔性化生产能力是核心。2016年年初，红领开始向外输出以定制为核心的企业转型升级解决方案。目前，与红领签约的各行业企业超过60家，完成改造的有三家，包括一家牛仔裤工厂、一家化妆品企业、一家家具企业。随着中国具备反向定制能力的M越来越多，C将有越来越多的机会，短路越来越多的中间环节，让零售直达工厂。

第五章

未来已来

还记得我们在第一章提出的问题吗?

到底什么是新零售?

零售有新旧之分吗?

真的有必要分吗?

“给消费者提供最好的产品和服务”，这一零售的本质，难道不是从未变过吗?

电商是新零售吗?

连马云都投资了银泰、大润发、欧尚，零售难道不是在喧嚣之后，开始回归本质了吗?

无人超市不是开始关门了吗?

无人货架不是开始倒闭了吗?

所以——

到底什么是新零售?

现在，这些问题你有自己的回答了吗?我想在最后，把答案毫不遮掩、清楚鲜明地总结为四点:

1.零售的本质，是连接“人”与“货”的“场”;

2.“场”，是信息流、资金流和物流的万千组合;

3.“人”，会通过“流量x转化率x客单价x复购率”的层层过滤，接触“货”;

4.“货”，要经历D-M-S-B-b-C的千山万水，抵达“人”。

怎样才能提高零售的效率呢？答案有三点：

1. 用“数据赋能”，优化信息流、资金流、物流的组合；

2. 用“坪效革命”，提升流量、转化率、客单价、复购率的效率；

3. 用“短路经济”，缩短D-M-S-B-b-C的路径。

到底有没有新零售？当然有。

新零售，就是更高效率的零售。（见图5-1）

理解了新零售的总体框架和演进逻辑，在本书最后一章，我们来谈两个话题。

第一，思维模式。

为什么总是有人要等到无路可退，才愿意接受时代已经变化的现实？而为什么总是有人能抓住时代赋予的机遇，实现跨越式发展？要用什么样的思维模式，面对新技术、新工具所推动的商业模式变革，比如新零售、新制造、新金融等，始终先人半步？

第二，未来趋势。

商业逻辑不仅是用来总结过去的，其更重要的作用是通过总结过去、验证规律，来判断未来。到目前为止，本书讨论的都是已经发生的变化。未来，新零售还会出现哪些变化和机遇？

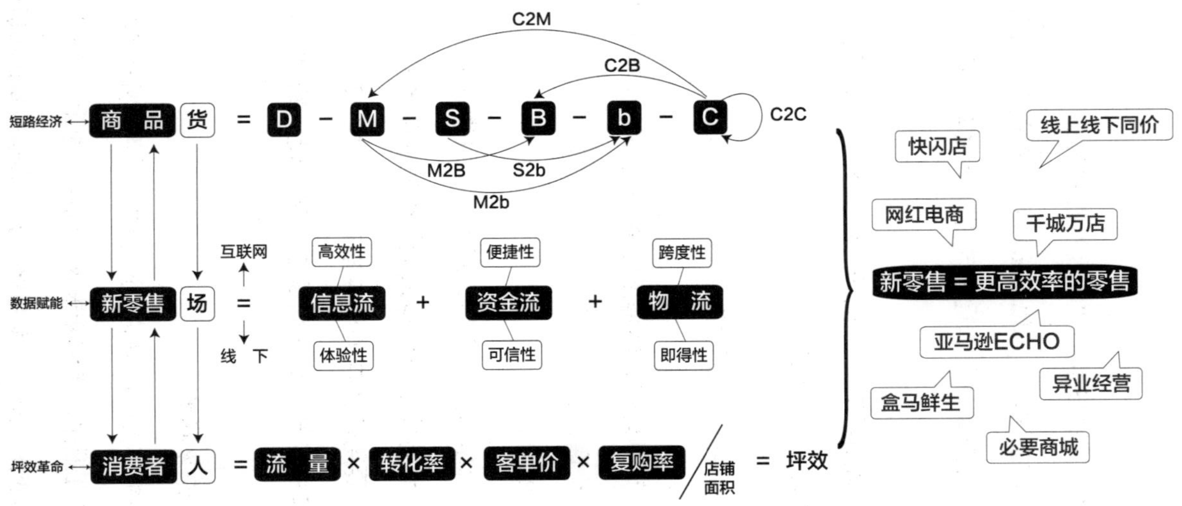
短路经济
商品
货
= D – M – S – B – b – C
C2M
C2B
C2C
M2B
S2b
M2b
数据赋能
新零售
场
互联网
线下
= 信息流 + 资金流 + 物流
高效性
体验性
便捷性
可信性
跨度性
即得性
坪效革命
消费者
人
= 流量 × 转化率 × 客单价 × 复购率
店铺面积
= 坪效
新零售 = 更高效率的零售
快闪店
线上线下同价
网红电商
千城万店
亚马逊ECHO
盒马鲜生
异业经营
必要商城

图 5-1

第1节

变革时代的思维模式

没有哪种思维模式，必然先进于其他模式。

对“后果可接受度高”的产品，比如互联网产品，改个按钮位置、换个背景音乐等，可以“小步快跑，快速迭代”；对“后果可接受度低”的产品，比如建设核电站、发射火箭，就要“一次性把事情做对”。有时候，你要“让听得见炮火的人指挥战争”；有时候，你要“砍掉基层的脑袋、中层的屁股、高层的手脚”。张小龙说，要警惕KPI（关键绩效指标）；而马云在湖畔大学的第一课，就是讲KPI的重要性。

每一种思维模式，都有其对应的适用场景；反之，每一种场景，也必然有与其相应的思维模式。

稳定时代，大者恒大，强者恒强。20世纪的最后10年，PC（个人计算机）的稳定时代，人们无法想象如何超越微软；21世纪的前10年，互联网的稳定时代，人们无法想象如何超越谷歌。

那么，在变革时代又如何呢？

随着科技的发展、时代的进步，在变革时代，大公司总是被小公司打败，然后小公司成长为大公司。

稳定时代，是大公司收割的时代；变革时代，是小公司翻身的时代。

在变革时代，比如新零售的到来，有哪些思维模式能够帮助小公司翻身、大公司警醒？我认为，至少有三种。

进化思维：日心说不是本质，地心说更不是

2017年，我受吴晓波邀请，参加以新零售为主题的千人大课，并做了演讲——这是我第四次在他的千人大课做演讲。而那次大课被吴晓波评为“最没有共识”的一次：有人认为新零售是这样，有人认为新零售是那样，有人认为根本就没有新零售。

之后不久，我又参加了领教工坊组织的，也是以新零售为主题的论坛：新零售，是颠覆式创新，还是回归本质。嘉宾们同样各抒己见，难有共识。

面对关于到底什么是新零售、有没有新零售的争议，

我在发言时，带大家简单回顾了一下哥白尼的故事。

最初，人类相信大地是平的。现存史料证实，从古典时代的希腊（公元前5世纪至公元前4世纪），到铁器时代的近东，再到印度的笈多王朝（公元4世纪至6世纪）和北美的原住民，以及17世纪之前的中国，许多古代民族对天地的理解基本一致。如果你问那时候的人，天地的本质是什么？他们会说：

天空犹如一个大碗，倒扣在平坦的地面上。

你也许觉得他们愚昧，但是，人类的祖先仅凭双眼和感觉，推断脚下的土地是一个平面，在那个没有飞机、卫星相助的时代，得出这样的结论并不意外。

后来，随着宗教和科学的发展，人们发现大地不是平直的。从海面驶来一艘帆船，你会先看到桅杆，然后才是船身；如果大地是平的，应该同时看到。然后，人们用漫长的时间接受了托勒密的“地心说”。地心说可以预测日食、月食，也可以解释一些天文现象，一直被视作正统思想。如果你问那时候的人，天地的本质是什么？他们会说：

地球处于宇宙的中心，所有星体围绕地球转动。

地心说，就是那个时代天文学说里的“新零售”。

当然，今天我们早已知道，地心说也不是天地的本质。波兰天文学家哥白尼经过观察和推导，认为地球不可能是宇宙的中心，否则很多天文现象无法解释。他提出“日心说”，认为地球是围绕太阳转动的，他的不朽名著《天体运行论》被认为是现代天文学的起点。

如果你问那时候的人，天地的本质是什么？他们会说：

太阳才是宇宙的中心，地球也要围绕太阳转动。

日心说，就是那个时代天文学说里的“新零售”。

你一定听过不少历史故事，知道当时的人们接受日心说有多难，一直宣扬哥白尼学说的伟大天文学家布鲁诺，甚至为此被烧死。

但是，时代的进步并没有停止。后来人们认识到，太阳其实也不是宇宙的中心，它只是太阳系的中心；整个太阳系只是银河系的一部分，而整个银河系在宇宙中微小如一粒尘埃。

那么，一个有趣的问题就来了：日心说不是本质，但因此可以说地心说是本质吗？

当然不能。我们认识本质的道路，只会往前走，永远不会回头。太阳不是宇宙的中心，只能证明日心说是错的，但不能证明地心说的正确性。

这就如同我们现在对待新零售的态度。曾经，线下零售就像地心说一样，被当作零售的本质。后来，互联网电商出现了，人们发现，线下零售原来只是零售的一种形态，并不是本质，甚至不是最有效率的一种形态。这时，很多人开始信仰像日心说一样的互联网电商。

同样，互联网电商遇到了发展的瓶颈，被证明也不是本质。很多传统线下零售就像地心说拥护者一样，欢欣鼓舞：你看，总算要“回归本质”了吧。但是，互联网电商遇到问题，并不能证明线下零售就是本质。

西尔斯是19世纪的新零售，沃尔玛是20世纪的新零售。零售，它一定会继续往前走。零售的本质在前面，永远不在后面。

这就是“进化思维”。思维模式和生物体一样，必须不断进化。我们今天对新零售的理解，也一定会在某一天，显得很“旧”；这本书的内容，有可能在10年后甚至5年后来看，也有明显的时代局限性。进化，必须一步一步往前走，从不停止。

加入时间轴，用俯视的眼光看待零售的变迁，就会发现：

这个世界上，只要有零售，就有新零售和更新的零售，但是永远不会有最新的零售。进化，永不停止。

本质思维：老司机未必懂车

当我们大学毕业，进入一个行业时，这个行业是这样；当我们退休，离开一个行业时，这个行业还是这样。于是，我们会认为，这个行业以前如此，现在如此，未来如此，永远如此。我们会把在这个行业里如数家珍的“方法论”，当成“本质”。

什么是“方法论”？什么是“本质”？

举个例子，我是个有15年驾龄的老司机。我学开车的时候，教练教我离合、换挡、油门、刹车、转向。一开始，确实不太容易掌握，但是随着不断练习，越来越熟练。今天，不管多难停的车位，我都能一次倒车入位。不管在中国还是美国，我开车都非常自如，游刃有余。

那么，开了15年的车，甚至很擅长开车的我，可以说自己很懂车吗？并不能。

有一次，我的车因为一个小故障在路上抛锚，我只好打电话求救。工程师来了之后，稍微摆弄一下就好了。我还很有求知欲地问，到底出了什么问题？他解释半天，我完全听不懂，心想：算了，我会开车就行。

我懂的不是“车”，而是“开车”。

同样道理，在一成不变的零售业里做了15年，就真的懂零售吗？未必。

很多人懂的仅仅是如何按照固定的零售逻辑“开车”，即便再有经验，他们懂的也不是零售这辆“车”本身。而在零售这辆“车”遇到故障的时候，即商业世界发生变革的时候，理解这辆“车”本身，就显得极其重要，即所谓的“本质思维”。

什么是“本质思维”？

李书福刚进入汽车业时，业内人士都不看好。记者问他怎么看待汽车，他说：

> 汽车，不就是四个轮子和两排沙发吗？

这句话引来无数业内人士的耻笑：这真是个无知的疯子。

但是今天，应该没有人敢轻视吉利汽车了。2017年，吉利销售汽车120万辆，增速超过60%，净利润超过100亿元。吉利收购著名汽车品牌“沃尔沃”，更是让很多业内人士闭口不言。

当李书福说话有分量时，我们再回顾他曾经说的那句疯狂的话，难道不对吗？汽车，不就是四个轮子和两排沙发吗？

四个轮子和两排沙发，就是汽车的本质。从第一台汽车被发明到现在，不管科技如何进步，更安全、更舒适、更高科技，这个本质从来没有变过。

在汽车行业从业久的人，开始把更好的音响当成本质，把更漂亮的喷漆当成本质，却忘了真正的本质。

当然，还有很多人仍不认可李书福，那我们来看一看特斯拉的创始人埃隆·马斯克。

北京时间2018年2月7日凌晨4点45分，由埃隆·马斯克的SpaceX公司研发的人类现役运力最强的火箭——重型猎鹰（Falcon Heavy）成功发射，并完成了一级火箭的回收。这枚火箭携带着一辆樱桃红特斯拉跑车，跑车上坐着一位假人驾驶员，车上还放着大卫·鲍伊的成名曲《太空怪咖》（*Space Oddity*）。这辆特斯拉的目的地是火星轨道，如果一切顺利，它会在宇宙中行驶10亿年。

但是，这次发射的第一目的，并不是炫车，而是测试“火箭回收”。

发射火箭的目的是什么？把卫星送上天。所以，火箭的本质是什么？火箭的本质，是一辆“出租车”，把客人送到目的地。哪有送一次客人，就烧掉一辆出租车的？既然是出租车，必须重复使用。因此，我要回收火箭，洗洗下次再用。

马斯克的这个想法，也被业内人士耻笑：无知的“民科”，你懂什么火箭。

经过不断地尝试，失败，再尝试，再失败，最终，SpaceX获得成功。今天，当SpaceX在太空科技领域有发言权的时候，我们再回顾马斯克疯子似的战略：

1.通过回收火箭的技术，把传统商业卫星的交易结构“变买为租”；

2. 把发射卫星的成本降到原来的1/10；

3. 用极低的成本碾压全球火箭公司。

是啊，火箭，不就是一辆“出租车”吗？

在一个行业从业过久的人，特别容易被方法论带来的成功蒙蔽双眼，忘记什么才是本质。

我是这么对客户笑的，我是这么设计灯光的，我是这么陈列货品的，我是这么和供应商谈判的……这些打磨了几十年的方法论，让我在零售业获得了巨大的成功。这些对不对？对。有没有用？有用。但这些都不是本质，它们都是在信息流、资金流、物流的一个特定组合下，取悦客户、优化产品、提高效率的方法论。

那什么才是本质?

> 零售的本质，是连接“人”与“货”的“场”；而“场”的本质，是信息流、资金流和物流的万千组合。

在稳定时代，我们更需要学习行业方法论；在变革时代，我们更需要理解行业本质。

系统思维：商业模式，利益相关者的交易结构

我听过对商业模式最好的定义，来自商业模式专家——北京大学教授魏炜。他说：

> 商业模式，就是利益相关者的交易结构。

什么意思?

举个例子。在过去，如果想开一家餐厅，做写字楼午餐的生意，怎么做?

我会在离写字楼尽量近的地方租个铺面，最好还是临街的铺面。为什么？因为到了中午，写字楼的白领们下楼吃饭，午休时间有限，不可能走到很远的地方。越是离写字楼近，越是临街的铺面，生意就会越好。

如果你问一家做得不错的写字楼餐厅，做好生意最重

要的诀窍是什么？老板几乎肯定会说：

> 哪有什么诀窍，唯有全心全意为顾客着想，做最好吃、性价比最高的饭菜。

“全心全意为顾客着想”，这就是用户思维；“做最好吃、性价比最高的饭菜”，这就是产品思维。

他说得对吗？当然对，但又不完全正确。因为他说这句话时，也许并不知道他正身处一个自己可能并不完全理解的商业模式里。在这个商业模式中，写字楼餐厅与顾客的交易结构是：用租金买流量。

这还用说吗？就算我不理解你说的这些没用的术语，我的生意不也做得挺好的？你能说，你能做给我看？

在稳定时代，我会闭嘴，不再说话，好好吃饭，吃完饭祝老板生意兴隆，然后付钱走人。但是在变革时代，这么想就危险了。

今天，互联网上出现一个网站叫“饿了么”。就算没用过饿了么，你一定用过美团外卖或者百度外卖。这些外卖平台，让写字楼里的白领不再需要走出写字楼，在办公室就把午餐吃了。

这时，你再有用户思维（全心全意为顾客着想），再有产品思维（做最好吃、性价比最高的饭菜），顾客也会越来越少。为什么？因为写字楼午餐生意这个系统的交易结构变化了。

拥有系统思维，也就是能够理解“利益相关者的交易结构”的人，这时候可能立刻会意识到，这是一个机会。既然越来越多的写字楼白领选择在外卖平台上买午餐，那我就不需要把餐厅开在离写字楼尽量近，甚至是临街的地方了。为什么？因为现在不是顾客下来吃，而是我送上门。只要在写字楼附近3公里之内，租一个尽量便宜的地方，就算是在一个很深的小巷子里也没关系。

在3公里内的深巷租个地方，当然比在300米内租个旺铺要便宜得多。这样一来，同样品质的菜品，我就可以比你便宜得多，或者同样的价钱，我加个鸡腿、卤蛋或一份水果沙拉。我的竞争力，就会比你强很多。

还不止如此，当我发现外卖订单越来越多，线下占比越来越少时，我甚至可以把整个餐厅做成一个大厨房。

传统餐厅大约20%的面积是厨房，80%的面积是前厅。那我干脆不要前厅，租金成本又会陡然节省80%！我会进一步优惠价格或者升级菜品。由此，我把另外80%的前厅也变成厨房，提供巨大的“产能”，服务那些激增的需求。

而同时，在写字楼旁的街边，租金高昂的餐厅，生意有可能越来越差，差到老板开始怀疑人生：一定是我的用户思维还不够，产品思维也不够。店老板要求服务员对客人要笑得更真诚，饭菜要更好吃。但是，这样也未必能挽回曾经的辉煌。

这就是系统思维。第二章曾讲过，零售业从传统的“用商品差价，补贴信息流成本”，向“不卖货的体验店”的转变，也是一种优化“利益相关者的交易结构”的系统思维。

很多创业者有用户思维，有产品思维，但却缺乏系统思维，不理解“利益相关者的交易结构”。在时代变革时，黯然退场。

我不知道我们做错了什么，但是我们输了。

你一定要相信，有时候不是你不努力，而是这件事本身就错了。商场、超市、购物中心、电商，甚至现在的无人超市、快闪店等，都是一个个或大或小的零售系统，或新或旧，或高效或低效。本书所讲的“数据赋能”“坪效革命”和“短路经济”，都是带你从系统思维的角度，解构这些系统，优化组合，获得新的增长动力。

我们把这些对系统的优化组合，叫作“商业模式创新”。

用进化思维，接受所有你曾经信仰的东西都不是最终的完美状态，一切都在进化；用本质思维，不断深挖，区分方法论和本质的差别，在变革时代，基于本质，寻找新的方法论；用系统思维，解构、重组所有本质的要素，吹去灰尘，重新合上开关，看着澎湃的动力，推动你的商业模式一路飞奔。

第2节

新零售的未来

动笔写这本书时，其实我有点纠结。因为用进化思维的观点来看，现在我们所理解的“新零售”，总有一天，也会变成“旧零售”。我真的要花这么多时间，写一本注定要过时的书吗？

但是，同样站在进化思维的角度，什么观点不过时呢？我决定鼓起勇气，写下自己对这个变革时代的理解；同时，我决定一不做二不休，鼓起更大的勇气，冒一个巨大的风险，不但总结过去，还要提出一些对未来的判断。可能对，也可能错，供大家参考。

代表厂家，还是代表用户

作为零售商，上游是企业，即生产产品的厂家；下游是用户，即购买产品的消费者。作为中间环节的价值传递者，你会选择站在企业一方，代表厂家的利益，还是站在用户一方，代表消费者的利益呢？在这个价值观问题上，你会如何取舍？

也许你会回答：当然是代表消费者，消费者就是上帝。

但在过去，其实大部分零售商代表的都是厂家。为什么？因为一旦进了货，就要把产品卖出去。即便有时产品并不一定适合消费者，你也会巧舌如簧，让他觉得自己需要。

过去的零售商以“把梳子卖给和尚”为荣，而马云说，“把梳子卖给和尚”相当于骗子。可是，为什么你会告诉自己这是“话术”，万一人家真有用呢？为什么你要“骗自己”？因为厂家要考核销售业绩，给你不同的折扣力度，甚至决定明年是否给你代理权。

大多数零售商代表的都是厂家，但这是在正向商品供应链中的逻辑，随着C2B、C2M等反向链条的出现，一切正在改变。（见图4-7）

保险：只卖贵的 vs 只卖对的

关于什么是代表企业，什么是代表用户，我想以保险业为例加以说明。

从事保险销售的企业或个人，有两种销售模式：一种是作为保险代理人，一种是作为保险经纪人。这两种模式全然不同。

假设我是保险代理人，那我就要站在保险公司的角度，在公司价格体系内，想方设法和其他保险公司争夺地盘。动用我的话术把保险产品卖给更多消费者，哪怕有时候消费者可能不需要保险公司的产品。这是因为我的利益主要来自保险公司的利润分成，自然要帮保险公司把产品卖得越多越好。

如果我是保险经纪人，那就不代表任何一家保险公司。我会站在客户的角度，了解他的需求，然后发挥专业优势，帮他从无数公司和产品中，甄选出他最需要的保险产品。我还会去保险公司争取折扣价，把产品提供给客户，帮他进行性价比最高的配置。我主要从投保人那里取得服务费，同时保险公司也会给我一定的佣金。

在这个价值观选择的问题上，过去大家认为，零售企业既然是帮厂家卖东西的，那当然是把东西卖得越多越好，大家赚的钱越多，能分的利益也就越多。但今天看来，这可能不是唯一正确的价值观。

代表企业和代表用户这两种价值观如今同时存在，甚至，成功的零售企业更多地选择站在消费者一方，尽管它们的商业模式各不相同。

美国Costco超市：不赚差价，只赚会员费

还记得我们在第四章讲的Costco的案例吗？

Costco的基本价值观不是站在企业的角度去赚用户更多钱，而是站在用户的角度，帮用户省更多钱。它选择了真正站在消费者一方。为什么？因为它收取了消费者会员费。会员费的商业模式，把Costco和用户绑在一条船上。

你不代表我去找更便宜的商品？你和其他超市价格差不多？那我明年不续费了。

从Costco的角度来说，一旦决定要靠会员费来赚钱，立场就跟会员是一致的，会想尽办法把东西卖得又便宜又好，这样会员才愿意续费。商品的毛利只是为了覆盖运营成本，几乎不需要在商品上赚取更多的利润。

在产品高质量低价格的驱动下，会员自然有超高的忠诚度，2016财年Costco北美会员续费率90%，全球会员平均续费率88%。

为你精选商品，为你砍价，你付服务费就好。Costco扮演服务者的角色，站在用户立场的成功商业模式，是很多企业学习的榜样。站在用户一边，而不是企业一边，成为一种趋势。

阿里巴巴：竞价排名，收取广告费

还有一家选择代表用户的企业——阿里巴巴。阿里电商之所以成功，也是因为它把传统的价值观颠倒过来：主要不是帮厂家卖东西，而是帮用户更好地买东西。

怎么解释这一价值观呢？

阿里巴巴基于担保交易的逻辑发明了支付宝，解决早期淘宝成立时，人们在线购物的诚信问题。买家要买东西的时候，先付钱，但钱并没有到卖家的账户上，而是进了中间账户支付宝。支付宝收到货款后，通知卖家，钱已支付，可以发货。买家收货后，没有发现质量问题，点击确认收货，这时钱才会到卖家手上。

支付宝发明后，买家敢买东西了，因为手里有权利，不满意可以不付款，可以退货。这就对卖家提出了很高的诚信要求，不能随便寄有质量问题，甚至破损的商品给用户。否则买家不付款或者退货，不是白忙一场？

但这也可能造成过犹不及的结果，比如买家不诚信，收货后假装没收到，不付钱。这对卖家是极不公平的，那该怎么杜绝呢？

没有一种方法是百分之百完美的，在这种情况下，阿里巴巴毫不犹豫地选择站在消费者一方。

除了支付宝的保护倾斜之外，阿里巴巴对用户的保护也体现在信息的提供上。

过去我们在商场买东西，信息是不对称的，同样的产品，不同商场的价格却不一样。而在淘宝上，根据价格、信用一排序，马上就知道谁贵谁便宜，同样的产品，你比别人贵一分钱，可能就会卖不出去。

还有一种信息是淘宝上的信用值。前面买家的评价会影响后面买家的判断，好产品、坏产品一目了然。卖家如履薄冰地做生意，不敢怠慢任何一个买家。

这就是淘宝做的事情，让买家掌握权力，用支付宝等各种方式保护买家。站在买家的立场上，阿里巴巴成功做大，积累了大量卖家和买家，并从中找到了它的商业模式。

当卖家太多的时候，买家自然要用搜索的方式才能找到合适的卖家。但同一个产品的卖家实在太多，一个普通卖家可能翻几十页上百页都没法被买家找到，于是，淘宝就提供了“直通车服务”。卖家通过竞价排名的方式，提升自己的排名，买广告位来展示自己的商品，阿里巴巴从中赚取广告费。

这就是阿里巴巴的商业模式，本质上而言，它是一家广告公司。但这种模式对卖家来说比较纠结：竞价排名的方式提升了成本，投广告的话，商品的中间差价几乎都被平台吃掉；不投的话，买家又看不到，价格也不敢上提。最后的结果就是商品越来越便宜，阿里巴巴却赚了很多钱。

亚马逊：电商平台收取卖家提成

亚马逊是美国最大的电商平台，有人说，亚马逊是美国的阿里巴巴，其实两者的赚钱方式、商业模式完全不同。

最大的不同体现在，你可以用谷歌等外部链接搜索到亚马逊的商品。亚马逊根本不在乎客户是不是在自己的平台上搜索到商品。亚马逊赚钱的方式不靠广告，而是靠卖家的分成。比如卖家卖一件商品，亚马逊收2%的提成。不管是通过内部搜索还是外部链接找到商品，只要完成交易，亚马逊就能从中赚到钱。

阿里巴巴收取的是广告费，而亚马逊收取的是交易费。虽然商业模式不同，但亚马逊也是一个完全站在用户立场的企业。它提供平台让用户搜索商品，同时会对商家进行严格的筛选和评估。亚马逊不对卖家进行竞价排名，一旦有用户投诉商品有问题，被投诉的商品会立即下架，不管是多大的品牌。

因为严格把控质量，亚马逊聚集了大批对品质有要求的客户。对于价格，亚马逊不做过多限制，让卖家自行竞争，但死守质量这条线，让用户能够选到真正有品质的商品。

除了收取提成，亚马逊也推出了类似Costco的会员服务——Prime会员，99美元一年，可享受到让人心动的服务。比如在快递方面，美国一般需要3～5个工作日，Prime会员2日内送达；在数字资源方面，超过35万本Kindle电子书免费下载，拥有无限量的电视节目和电影观看资格；还有无限量的照片存储服务、不定期的会员专属折扣活动……这些就是亚马逊的底气。

为什么敢向用户收费？其实也是基于站在用户立场的价值观，能够帮用户找到更好的商品，为用户提供更好的服务。

只收会员费不赚差价、竞价排名收取广告费、提供平台收取提成……从Costco、淘宝、亚马逊这三个案例中，可以看到，虽然三家零售业巨头的商业模式、赚钱方式完全不同，但都不约而同地选择了站在用户这边。

在未来的商业世界，越来越多的零售企业会选择用户立场，为用户提供更好的服务，而不是站在企业这边，帮企业卖出更多的产品，这是个巨大的趋势。

那你呢？是站在企业那边，还是转身成为用户的代言人？

为信息流付费，会成为趋势吗

在第二章我们讲过，因为信息流、资金流、物流这三个要素被互联网切割，支付信息流成本的传统商超获得不了应得的收益，越来越难以为继。传统的“用商品差价补贴信息流成本”模式，将会受到挑战。这一令人痛苦的挑战正在不断演化，其中一个演化方向是“不卖货的体验店”。

所谓不卖货的体验店，就是线下的信息流成本，找到了新的买单者：品牌商。新的商业闭环形成，我们在前文列举了很多这条路径的探路者，比如耐克、荷兰内衣品牌Lincherie、美国高端百货公司Nordstorm。

除了不卖货的体验店，信息流成本还有别的买单方式吗？直接为信息流付费，看了东西就要给钱，有可能会成为一种趋势吗？

有些人可能觉得这是天方夜谭。直接为信息流付费，看了东西就要给钱，会有人愿意吗？

其实真有人会。

我们在第二章一开始就提到了2015年“38扫码购”。这个活动不但引来疯狂的消费者，还引来了这个世界上可能商业嗅觉最敏锐的一个群体：黄牛。

“38扫码购”活动当天，在阿里巴巴大本营杭州文一西路翠苑的一家大卖场门前，有一群特殊的人拿着贴满促销商品条形码的展板驻守在入口处，而在上千公里外的北京，也有一批人拿着自制的条形码小册子冲进地铁站。

他们就是著名的“黄牛”。

全国各地的黄牛，都在干同一件事情：跑到沃尔玛、家乐福，拿着手机把所有的商品都扫一遍，扫完之后分类，把折扣力度最大的商品集成一个小册子，然后走进地铁站。你等地铁的三五分钟没事干，这时候，黄牛就会凑过来给你看，这个小册子上每个东西都便宜三五元，都是日用的刚需品，随便买买都便宜二三十元。

很多人一看，东西确实很便宜啊，像卫生纸、牙膏之类家里经常用到，买一些囤着不吃亏。

不错吧？你只要付一元钱，就可以扫码，购买这些便宜的商品。有人一算，自己要买的东西加起来能省几十元，于是并不介意给黄牛一元钱。这些黄牛手里拿的小册子，本质上就是信息流，那些折扣力度很大的产品的信息流，换句话说，就是一本本“折扣超市”。

凭信息流向消费者收费，是有可能的。一旦可能，新的商业闭环就会形成。

超市的信息流成本，也可以不向消费者收取，可以反过来直接向品牌商收取。

未来，线下零售（比如超市、便利店）还是会卖货，但是收取品牌“上架费”，可能会成为其收入中越来越重要的一个组成部分。

什么是上架费？商品放到货架上，超市、便利店就要收取一定额度的费用。上架费的本质就是信息流展示的费用。超市、便利店当然可以从商品的差价中赚钱，但同时，在人流量这么大的地方展示商品，广告的价值、体验的价值和品牌的价值也不可小视。

在一个路边灯箱做广告，能有多少人经过？可能还不如超市里路过产品货架的人多。

广告收入，也就是信息流收入，也有机会成为超市越来越可观的收入。

直接为信息流付费，这个商业模式如果真的出现，并且被验证可行，还将带来一个变化：渠道服务化。

什么是渠道服务化？过去的渠道，以及渠道的末端“零售”，是以销售而不是服务为商业模式的。比如，我们在逛街的时候会发现，虽然都是线下零售，但叫法却不同，有的叫“百货商场”，有的叫“购物中心”。

除了直接看名字之外，消费者要如何判断一家线下零售是百货商场，还是购物中心呢？看它们的收银台。

在传统的百货商场，每一层都有一个统一的收银台，而购物中心的每一家店内都有单独的收银系统，消费者不需要再跑到收银台结账，在品牌的店里就可以付款。

为什么会这样？因为它们背后的经营模式截然不同。

百货商场的商业模式是“联营制”。百货商场从开发商手里租来经营场所，然后再将其分租给商户，并根据商户的销售额按比例扣点作为主要收入。为了获取准确的销售额基数，百货商场是不会允许每个商户自己收银的，否则一定会少报、瞒报。所以，在百货商场，每一层只有一个统一的收银台。你付的钱，先给了商场，商场扣完点后，再把剩下的给商户。如果某个商户的销售额不高呢？那哪行！换掉。所以在百货商场，从局促的布局到销售员的“如狼似虎”，你都能感受到一种浓郁的“卖货”氛围。

在中国，百货商场的这种不用承担销售、库存等经营风险，不占用大量资金和人力的联营制，一度被百货商们奉为宝典。

联营制确实曾为中国百货业带来辉煌。但是，这种简单粗暴的赚钱方式，在新的消费趋势下受到越来越高效的零售模式的冲击，比如购物中心。

购物中心背后的经营者是商业地产商，盖好铺面后再租给不同的品牌。购物中心允许品牌商单独收银，是因为只收取租金，品牌商赚多少钱都和它没关系。购物中心里的商铺也卖货，但是“吃相”没有那么难看。购物中心也舍得用大块面积搭建公共区域和休闲区域，营造更好的购物环境与体验。

比如年轻人都爱逛的朝阳大悦城，就是一个典型的购物中心。2017年，朝阳大悦城在众多购物中心中取得了非常亮眼的业绩，年销售额达41亿元，全年客流超过2 500万人，新增会员同比提升90%，租金收入突破5.9亿元，坪效同比增长20%。朝阳大悦城取得这样的业绩，一是因为它舍得投入大块的空间，举办各种各样的展览、主题空间、体验馆，甚至开设母婴室；二是因为它不仅将店铺租给品牌方，还提供升级服务，原创设计师品牌集合区能够实现设计师在购物中心“拎包”开店。这和百货商场的商业模式，有着本质的区别。

随着在线下逛（获得信息流），在线上买（完成资金流），越来越成为趋势，百货商场这种以卖货为目的的联营制势必会受到巨大的挑战，而购物中心这种以体验为目的的租金制，则相对更有优势。

将来会有越来越多的经销商因为在百货商场里开不下去，改为到购物中心开店，不再主要赚取商品差价，而是赚取服务费——给品牌商提供开设体验店的服务，或者给消费者提供额外的增值服务。这就是渠道服务化。

总而言之，线下店会继续存在，但“卖货”的作用越来越小，线下逛、线上买的比重，可能会越来越大。因此，商超从联营制，将逐渐变为租金制；代理商从赚取差价，将逐渐变为赚取服务费。

无人商业模式，是昙花一现吗

2017年，有一股不可小视的力量，即各种“无人商业模式”在零售业如雨后春笋般涌现。首先是无人便利店，然后是无人货架，之后是各种形态的自动售货机，以及网约车上卖东西，等等。

无人货架算不算新零售呢？如果算的话，这种新零售能否长久存活，甚至最后获得巨大的成功呢？

我们用系统思维来分析一下“无人商业模式”的交易结构。

首先，“无人商业模式”不是今天的首创。

在《魔鬼经济学》中有这样一个案例：20世纪80年代，美国一位分析师保罗·费尔德曼每周五都会带百吉饼到单位，犒赏员工。其他同事听说后，也纷纷表示想要吃百吉饼，他便每周带15打百吉饼。为收回成本，费尔德曼在百吉饼旁边摆了一个投币篮，贴了一张价签，同事们自觉向篮子里投币付款，成本回收率达95%。

后来，费尔德曼开始专职销售百吉饼。仅仅几年间，他的周送货量就达到8 400块百吉饼，业务遍及140家公司。不过，并非每家公司的回收率都一样高。面对现实情况，费尔德曼逐渐总结出，付款率只要超过90%就是“诚实守信”的公司；80%～90%的付款率“可气但还过得去”；如果一家公司的付款率长期低于80%，费尔德曼则会张贴一张警告标语。

你看，这不就是“无人货架”吗？今天，同样的故事，正在不少公司的茶水间或写字楼的角落上演，只不过故事的主角变成一个装有各种零食的无人货架，投币的篮子变成了二维码。

2017年，除了共享单车和共享充电宝之外，无人货架成为一个当之无愧的“新风口”。据统计，大概有50多家无人货架的创业公司涌入。中商产业研究院发布的《2017年中国无人货架市场前景研究报告》显示，截至2017年9月，已经有至少16家无人货架获得投资，最高达3.3亿元，融资总额超过25亿元。

除了创业公司，许多大佬也开始入局。2017年12月，阿里巴巴联合美的集团推出“小卖柜”，正式进军无人货架领域；看似和无人货架八竿子打不着的猎豹移动，也布局了无人货架，旗下“豹便利”从2017年11月初开始运营，已铺设5 000个点位；2018年，苏宁开始试水无人货架，预计将在全国范围内布局5万组无人货架“苏宁小店Biu”，这位后发者试图在无人零售领域实现弯道超车。

红得发紫的“无人货架”，其交易结构，是不是相较传统小卖部或楼道里的自动售货机，更加高效呢？

判断一个新的商业模式是否更高效，主要看这一模式让整个系统节省了哪些成本，同时为节省这些费用，不得不新增了哪些成本。如果新增的成本小于节省的成本，那么这个新的商业模式就更高效。

我们先来看看，无人货架节省了哪些费用。

相对于楼下的便利店，放在公司办公室的无人货架，节省了不菲的店铺租金。同时，简单到极致的货架，几乎没有任何技术含量，没有防盗，没有纸币识别设备，没有硬币盒找钱，没有出货口，等等，所以也不用像自动售货机那样，要耗费几万元去生产。相对于楼道里的自动售货机，无人货架节省下来不少设备成本。

无人货架从效率的角度，节省了店铺租金和设备成本，但同时，也不得不新增一部分成本，那就是信任成本。

和封闭的自动售货机相比，无人货架是一种开放状态。现在无人货架的玩法有几种：第一，货架+二维码；第二，货架+冷柜+二维码；第三，货架+冷柜+二维码+摄像头。商品以薯片、泡面、饼干、辣条等日常零食，以及矿泉水、可乐、咖啡等软饮料为主。

一眼看上去，你可能会误以为这些是公司内部提供的免费福利；走近可以看到，货架上标有明显的“微信扫码、自助购物”提示。

用更低的成本提供信息流当然是好事，但这样也带来了显而易见的资金流的风险。会不会有人拿了商品不付钱？这种可能性肯定会有，就像费尔德曼出售百吉饼的情形一样。比如有人拿了东西就是不想给钱，或者当时网络不好，打算过一会儿再给，但是后来就忘了。相对于楼下的便利店和楼道里的自动售货机，无人货架注定是一种商品损耗更大的模式。

在这种需要依靠“天然信任”的模式之下，无人货架有严重损耗的可能性。行业内目前普遍的说法是，20%的盗损率是死亡红线；而不少企业对外的口径是，他们的盗损率维持在5%左右。一旦出现盗损率很高的投放地点，公司就会撤销这个货架。

凡事有一利，必有一弊。无人货架是一个可行的商业模式，还只是昙花一现？这不是一个拍脑袋就可以回答的问题，因为它属于那种典型的“逻辑成立，但数据也许不成立”的商业模式。

逻辑上，只要节省成本大于新增成本，这个模式就成立。可是数据显示，节省成本大于新增成本吗？只有靠实际运营起来，跑一跑数据才能知道。

然而，就目前来看，无人货架的运营并不理想。2018年年初，官方宣布日订单突破百万、率先成为行业独角兽的“猩便利”，不断传出裁员、撤店的消息。几乎同一时间，在北京已铺设5 000多个无人货架的“七只考拉”也被爆出裁员消息，并撤掉一些点位。

媒体报道，无人货架项目“用点心吧”在铺设完成64个无人货架后，核对前端和后台数据时发现，货损率超过20%，最严重的甚至达到39%，有时后台显示货架上还有不少商品，补货人员却发现货架早已上演“空城计”。

一家无人货架的创始人表示：我们经常看到有人拿了东西却不付款，虽然都是写字楼里的白领，也不见得就有多高的觉悟和素质。

有很多无人货架，上架一个多月后就被迫撤柜。原因无他，就是因为拿的人多，付款的人少，每天都要不断地补货，才能维持运营。在一些写字楼投放的无人货架面临严重的商品丢失问题，有些点位的商品几乎全部丢失。很多情况下，甚至是无人货架公司的补货人员直接顺手牵羊，反正没有任何监控措施。披着新零售外衣的无人货架，销售体系实际退回到了比夫妻店还随意的原始状态。

很多倒闭的无人货架公司创始人感叹道：不是我们不努力，而是人性太险恶。

真的是这样吗？就算真的如此，规避人性的风险，难道不是做这种生意必须具备的能力吗？这些风险，真的无法规避吗？

举个例子，外卖送餐员一般骑的都是电动车，电动车虽然沉，不容易被盗，但是车的电瓶特别容易被偷走。可是，又不能让快递员每次送餐上楼都带着电瓶，这样会浪费大量的时间和体力。怎么办？

有一家外卖公司是这么做的：当外卖员到达一个小区的时候，公司系统会根据历史数据给他发送一条消息，提示他这个小区的安全状况好不好，是否需要把电瓶拎上楼。这样，外卖员就可以根据实际情况来处理。

那外卖公司是如何知道这个小区是否安全的呢？通过以往经验中的实际情况统计出的数据信息。这样一来，有的地方需要拎电瓶，有的地方不用，外卖员的送餐效率就达到了一种最佳的平衡。所以说，数据带来的运营效率是有机会控制信任成本的。

总之，无人货架是一个“逻辑成立，但数据也许不成立”的商业模式，是否真的能成功，需要“跑”一段时间。有强大运营基因的团队，如果能找到根据数据控制信用风险的方法，这个模式将可能成为新零售的代表。

同理，各种煮面、榨橙汁、煮咖啡的自动售货机，也都是“逻辑成立，但数据也许不成立”的商业模式。我们需要拭目以待，用数据来验证模式。这个领域中，从来不缺乏勇敢者的尝试，但往往缺乏智慧的运营。

无人超市又如何呢？

2017年10月，京东首家无人超市在其总部大楼开业，综合运用人脸识别、RFID标签、自动感应等技术，同样提供无须收银、“拿了就走”的体验。12月30日，京东还把无人超市开到三线城市烟台。

除了互联网公司，娃哈哈、伊利等传统企业也宣布打造适合自身特色的无人便利店。无人超市迅速成为风口，甚至成为人们口中新零售的代表。

风头正盛的无人超市到底算不算新零售？我们可以从信息流、资金流、物流三方面来分析无人超市到底做了什么。

在信息流方面，无人超市依然用同样的面积去展示商品，同样的库存、水电等成本，其信息流成本跟传统的超市相比，并没有得到提升；消费者买完商品后，仍然需要自己把商品带走，因此，其物流成本也没有得到节省。

无人超市最大的改变是少了收银人员，它在每个商品上粘贴RFID标签，消费者出门之前会经过一个长长的过道，自动识别技术能够识别消费者身上带了哪些从超市拿走的商品，然后直接通过在线支付结算。

在资金流环节省掉了收银员，这是无人超市“节省的成本”，但与此同时，也有“新增的成本”，比如复杂设备的成本、信息标签的成本。因为没有人管理超市，货品的摆放很快会变得越来越乱，还会增加一些理货成本。从成本结构来看，我很难认同，节省的成本一定高于新增的成本。

因此，这也是为什么阿里巴巴前CEO、嘉御基金创始人卫哲公开说：我特别反对无人超市。如果没有更加明显的效率提升，无人超市很有可能变为大公司秀肌肉的方式，而不是创业者的真正机会。

搜集流量，脑洞打开了吗

2018年开年的第一个风口是直播答题。虽然和零售关系不大，但它告诉我们，未来流量的获取方式，特别是线上流量的获取方式，肯定不会局限于老套的那几种。

直播答题模仿的是美国的HQ Trivia（一款小知识互动游戏），这款产品的iOS（苹果公司开发的移动操作系统）版本于2017年8月正式上线，2017年12月，HQ Trivia将奖金提升到10 000美元，同时在线人数一度达到40万左右。

2018年1月3日，王思聪在微博上发布“我撒币，我乐意”“每天我都发奖金，今晚9点就发10万”等刺激性话语，以推广自己投资的冲顶大会App。

很快，各路玩家相继加入战场。截至目前，互联网行业俗称的BAT（百度、阿里巴巴和腾讯）三大巨头和TMD（今日头条、美团点评和滴滴）三小巨头全部加入战局，纷纷推出自家的直播答题产品，再加上小米、360、网易、58同城、陌陌、映客、一直播等，中国几乎稍具平台规模的互联网公司都投入到这场答题游戏中来。

在王思聪为“冲顶大会”发微博的6天之后，1月9日，美团与花椒旗下的“百万赢家”展开首次商业合作，开启百万专场，其中植入四道美团相关的问题。同日，趣店成为映客旗下答题应用“芝士超人”的首位广告主，广告费为1亿元，几乎媲美头部综艺节目的冠名费用。随后，百度“简单搜索”、“华为X7”、京东等，都争相成为直播答题的“金主爸爸”。

别人看到的是一场又一场的撒币狂欢，而我看到的是一种流量的全新获取方式。在这些平台上，因为大额奖金的吸引，大家争相答题，都觉得自己可能会中奖，参与的人特别多。

1月3日9点场的“冲顶大会”，10万元奖金带来28万在线流量，每个用户的流量成本仅为0.35元；百万英雄一场200万元奖金的直播答题吸引了175万直播观众，平均1.14元的单个用户成本，也并不高。要知道，现在单个用户平均获客成本已经达到10元甚至更高。

之前是广告主把钱直接给平台，直播答题出现后，广告主通过平台直接把钱分给用户。而广告主更加喜欢答题的直播观众，因为他们文化水平较高，注意力也更集中。毕竟答题的短短几秒内，不易被分散注意力（比如不可能同时打王者荣耀），因此广告价值也更大。

这说明什么道理？过去，线下零售找流量的方式已经非常成熟，用两个字——旺铺，就能总结线下找流量的所有逻辑。但从线下到线上之后，人们发现流量极度分散，获取流量的方式越来越难，成本越来越高。渐渐地，几乎所有的产品经理都发现，低成本获取流量的方法，是互联网最现实、最值钱、最稀缺的技术。

更重要的是，线上获取流量的方法和线下的套路并不一样，各种各样的方式都有可能成为吸引流量的办法。移动互联网这一新工具出现后，吸引流量的方式变得碎片化，五花八门，还有各种各样的组合，就怕你的脑洞不够大。

比如，之前提到的魔急便，简单来说，它就是滴滴上的无人货架，在移动互联网带来资金流便捷性的前提下，魔急便将触角伸到乘客身上，乘车也成为它获取流量的场景。

利用移动互联网带来的资金流的便捷性，让越来越多的公司开始满世界找新流量。虽然无人货架这一模式目前的运营出现问题，未来能否成功也尚未可知，但我们要清楚地知道，各种无人模式其本质都是用来搜集流量的方式。

未来，流量的搜集方式是碎片化的、零散的、多样的。上面的例子就是要告诉大家，不要死守任何一个你认定正确的流量来源。比如，你觉得在家门口开个小店这个模式永远不会错，因为小店天然自带流量，但你不能死守这一流量来源。

在移动互联网这一大趋势下，流量结构一旦变了，就没什么是必然正确的，一定要重新思考流量的底层逻辑，然后去尝试各种各样脑洞大开的流量获取模式。新模式运营两三年，不断纠错，不断调整，最终确定新格局。

后 记

1997年，黄明端创立了大润发超市；10多年后的2010年，大润发取代家乐福，成为当时中国大陆零售百货业的冠军；2011年，大润发与欧尚合并，在香港上市，成为中国最大的零售商。黄明端被称为“陆战之王”。

这时，如果你对黄明端说：小心马云，6年后，你会被阿里巴巴收购。估计黄明端会仰天狂笑：马云是哪根葱！

但是很快，黄明端感受到了电商的威力。2013年，他创立了飞牛网，打算抵御马云和刘强东。他说，他最大的希望就是刘强东和马云都来“骂”他。但是马云、刘强东根本不“骂”他，他们直接“忽视”他。

他们骂我就有动力，我们天天找他们来骂，但他们就是不骂，我们心里蛮挫折的。

2017年11月，阿里巴巴斥资224亿元，收购了大润发。2018年1月，黄明端在大润发的年会上感慨地说：

我们赢了所有对手，却输给了时代。

真是让人唏嘘。

但是，大润发真的输给这个时代了吗？未必。零售的战场，硝烟仍然四起，群雄还在逐鹿。只是坦克出现了，人们开始学会打闪电战；互联网出现了，人们开始学会打网络战。战局越来越复杂，但谁也不敢说胜负已定。

凡是过往，皆为序章。

不管是零售业的老兵，还是互联网的新兵，祝愿你们都能充分理解新零售这一“新战场”的本质，找到自己的最佳战略，赢得战争，成就更大的辉煌。